银行业专业人员职业资格考试(初级)应试指导教材

公司信贷

(第2版)

银行业专业人员职业资格考试应试指导教材编写组　编著

中国财富出版社有限公司

图书在版编目(CIP)数据

公司信贷/银行业专业人员职业资格考试应试指导教材编写组编著. —2版. —北京:中国财富出版社有限公司,2022.6

(银行业专业人员职业资格考试(初级)应试指导教材)

ISBN 978-7-5047-7718-8

Ⅰ. ①公… Ⅱ. ①银… Ⅲ. ①信贷-银行业务-中国-资格考试-自学参考资料 Ⅳ. ①F832.4

中国版本图书馆CIP数据核字(2022)第096794号

策划编辑	李彩琴	**责任编辑**	张红燕 杨白雪	**版权编辑**	李 洋
责任印制	梁 凡	**责任校对**	杨小静	**责任发行**	董 倩

出版发行	中国财富出版社有限公司		
社 址	北京市丰台区南四环西路188号5区20楼	**邮政编码**	100070
电 话	010-52227588转2098(发行部)		010-52227588转321(总编室)
	010-52227566(24小时读者服务)		010-52227588转305(质检部)
网 址	http://www.cfpress.com.cn	**排 版**	安徽佰通教育科技发展有限公司
经 销	新华书店	**印 刷**	三河市德利印刷有限公司
书 号	ISBN 978-7-5047-7718-8/F·3526		
开 本	787mm×1092mm 1/16	**版 次**	2023年4月第2版
印 张	11	**印 次**	2023年4月第1次印刷
字 数	267千字	**定 价**	40.00元

编 委 会

主　　编：李　飞

编　　委：**（排名不分先后）**

苏庆庆	陈　业	王星明
杨　蓉	李慧慧	鲍文一
陈　光	丁菡芬	王　安
张　庆	范月嫒	闫　波

责　　编：蒋　然

编 写 组：**（排名不分先后）**

胡结华	石雪莉	陆浩洁
般军队	刘　兵	芮清清

前　　言

一、考试简介

银行业专业人员职业资格考试（初级）科目包括“银行业法律法规与综合能力”和“银行业专业实务”。其中，“银行业专业实务”下设“个人理财”“公司信贷”“个人贷款”“风险管理”“银行管理”五个专业类别。考生须在主办方举办的连续两次考试中通过“银行业法律法规与综合能力”与“银行业专业实务”科目下任意一个专业类别，方可取得《银行业专业人员职业资格证书》。

为了帮助广大考生更快、更好地熟悉考试内容，把握考试重点并及时进行巩固和自我检测，银行业专业人员职业资格考试应试指导教材编写组根据中国银行业协会2021年4月发布的《银行业专业人员职业资格考试专业实务科目〈公司信贷〉初级考试大纲》，对真题考点进行细致分析，编写了本套教材。

二、学习指导

特色模块	学习指导
应试分析	通过应试分析把握整章的主要内容、所占分值、考试重点及学习方法等。
思维导图	通过思维导图建立整章的脉络框架，明确不同知识点的学习要求。
知识精讲	★结合学习要求和真考解读有侧重地学习知识点。其中，标记蓝色及下划线的内容需要重点记忆（蓝色标记为考试重点，下划线标记为题眼）。 ★学完知识点做典型真题，了解知识点考查形式，做到灵活运用。
章节练习	学完一章知识点，进行章节真题练习，做到及时巩固和自我检测。

三、增值服务

（一）视频课程

本套教材随书赠送视频课程，为考生提供多元化学习方式。考生可通过以下两种方式观看视频课程：

（1）微信扫描每节节名右侧的二维码即可进入观看。

（2）微信扫描下页图中的二维码，根据提示激活课程之后在网校观看。

（二）智能题库

本套教材中章节练习题目数量有限，智能考试题库系统为大家提供更多章节练习题。此外，智能考试题库系统中有真题必练、模拟预测、错题训练、章节练习 & 测评等功能。智能考试题库系统包括微信版、网页版及 App，考生可根据自己的实际情况，在不同的环境下选择不同的练习方式，充分利用自己的时间。

更多增值服务请使用微信扫描下方图中二维码获取。

四、联系我们

尽管编写组成员本着精益求精的态度编写本套教材，但由于时间所限，书中难免有不足之处，恳请广大读者批评指正。联系邮箱：weilaijiaoyucaijing@ foxmail. com。

预祝所有考生顺利通过考试！

银行业专业人员职业资格考试应试指导教材编写组

目　录

开篇 考情分析

一、章节分值分布

为了更好地把握科目特点，熟悉考试重点，本书分析了近几次考试真题分值的分布情况。在考试真题数据分析基础上，编者整理了每一章在考试中涉及的大概分值。具体见表1。

表1 考试真题分值平均分布情况

所属章节	分值（分）
第一章 公司信贷	7
第二章 贷款申请受理和贷前调查	8
第三章 借款需求分析	9
第四章 贷款环境风险分析	7
第五章 客户分析与信用评级	18
第六章 担保管理	8
第七章 信贷审批	7
第八章 贷款合同与发放支付	11
第九章 贷后管理	12
第十章 贷款风险分类与贷款损失准备金的计提	1
第十一章 不良贷款管理	7
附录 公司信贷的相关法律、办法及指引	5

银行业专业人员资格考试对知识点的考查角度多样，考查形式多变，因此，本数据仅供考生参考。

二、考试题型解读

“公司信贷”科目考试共140道题目，题型包括单选题、多选题和判断题。

（一）单选题

单选题有80道，每道0.5分，共40分。此类题型较为简单，即在给出的4个选项中选出符合题目要求的唯一答案。通常是针对某个知识点进行考查，考查较为简单。

【例题·单选题】在商业银行贷款中，从贷款提款完毕之日起，或最后提款之日开始，至第一个还本付息之日为止的期间为(　　)。

A. 宽限期　　B. 还款期　　C. 展期　　D. 提款期

【答案】A**【解析】**宽限期指从贷款提款完毕之日开始，或最后一次提款之日开始，至第一个还本付息之日为止，介于提款期和还款期之间。

（二）多选题

多选题有40道，每道1分，共40分。此类题型在所给出的5个选项中，有2项或2项以上符合题目的要求，请选择相应选项，多选、少选、错选均不得分。相对于单选题，多选题有一定难度，要求考生对知识点有更准确的把握。

【例题·多选题】公司信贷的种类按贷款期限可以分为(　　)。

A. 透支贷款　　B. 短期贷款　　C. 中期贷款

D. 长期贷款　　E. 永久贷款

【答案】BCD**【解析】**公司信贷的种类按贷款期限可以分为短期贷款、中期贷款和长期贷款，不存在永久贷款。

（三）判断题

判断题有20道，每道1分，共20分。此类题型较为简单，即对题干所作描述作出判断，正确的为A，错误的为B。

【例题·判断题】一般来说，长期贷款用于长期资金需求，短期贷款用于短期资金需求。(　　)

A. 正确　　B. 错误

【答案】A**【解析】**一般来说，长期贷款用于长期资金需求，短期贷款用于短期资金需求。

三、命题规律分析

（一）直接考查

在考试中，部分题目是对知识点进行直接考查，此类题目主要考查考生对知识点的掌握程度，重点在于记忆。考生可以通过多做练习题进行巩固。

（二）考查对知识点的理解运用

在考试中，部分题目需要考生在记忆、理解知识点的基础上作答，通常以多选题的形式进行考查，题目略有难度。这主要考查考生对知识点的灵活运用能力。考生可以通过典型真题了解各知识点的考查形式，对于此类题目所涉及知识点进行深入理解，做到举一反三，在重复中加强记忆。

第一章　公司信贷

应试分析

本章主要分三节，分别介绍公司信贷基础、公司信贷管理、公司信贷主要产品。在考试中，本章涉及的分值约为7分。本章的考试重点有公司信贷基础的相关概念和基本要素、公司信贷的种类、公司信贷管理概述以及公司信贷主要产品的概念。本章内容在考试中多为直接考查，难度不大，考生可以根据教材中的应试分析和重点内容有侧重点地进行学习。

思维导图

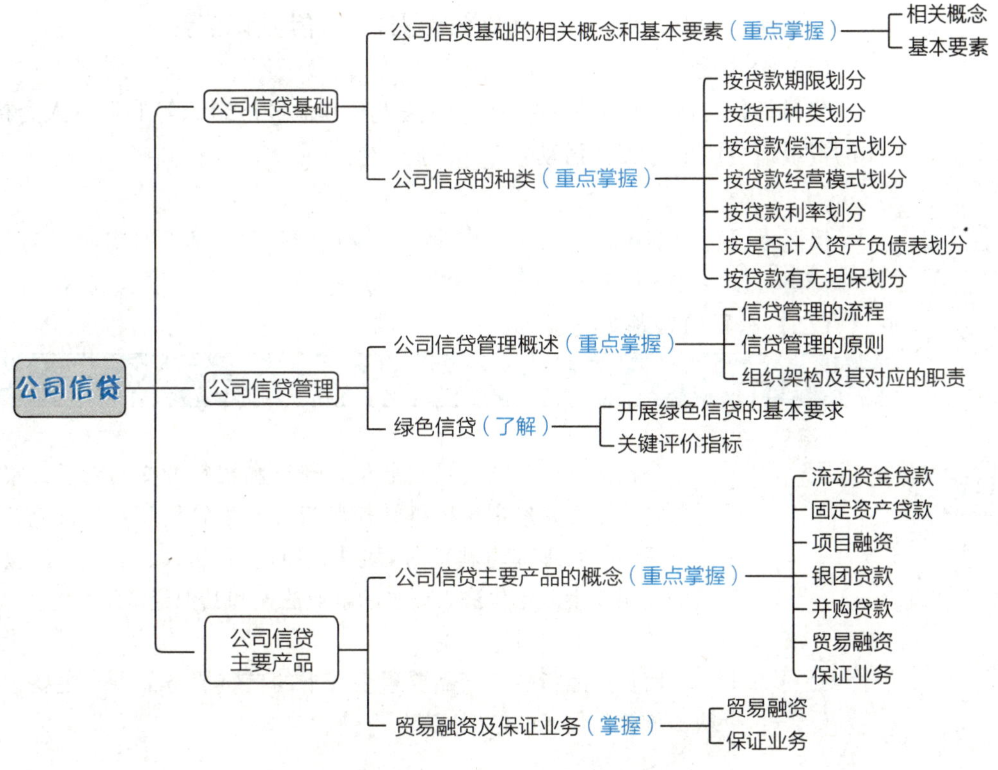

微信扫码关注
畅享在线做题

微信扫码关注
获取免费直播课

知识精讲

第一节　公司信贷基础

真考解读 属于必考点，一般会考2道题。

一、公司信贷基础的相关概念和基本要素（重点掌握）

（一）公司信贷的相关概念

（1）银行信贷。

①广义上，银行信贷指银行筹集债务资金、借出资金或提供信用支持的经济活动。

②狭义上，银行信贷指银行借出资金或提供信用支持的经济活动，主要包括贷款、担保、承兑、信用证、减免交易保证金、信贷承诺等。

（2）公司信贷。

公司信贷指以银行为提供主体，以法人和其他经济组织等非自然人为接受主体的资金借贷或信用支持活动。

（3）担保。

担保指银行根据申请人要求，向受益人承诺债务人不履行债务或符合约定条件时，银行按照约定以支付一定货币的方式履行债务或者承担责任的行为。

（二）公司信贷基本要素

解读1 必考点：信贷期限三种类别的内容。

<table>
<tr><th>项目</th><th>内容</th></tr>
<tr><td>基本要素</td><td>（1）交易对象。
公司信贷业务的交易对象包括银行和银行的交易对手，银行的交易对手主要是经市场监督管理部门（或主管机关）核准登记，拥有市场监督管理部门颁发的营业执照的企业法人、事业单位登记管理机关颁发事业单位法人证书的事业法人和其他经济组织等。
（2）信贷产品。
信贷产品指特定产品要素组合下的信贷服务品种，主要包括贷款、承兑、保函、信用证等。
（3）信贷金额。
信贷金额指银行承诺向借款人提供的以货币计量的信贷产品数额。
（4）信贷期限。
①贷款期限通常分为提款期、宽限期和还款期。[解读1]
<table><tr><th>项目</th><th>内容</th></tr><tr><td>提款期</td><td>提款期指从借款合同生效之日开始，至合同规定贷款金额全部提款完毕之日为止，或最后一次提款之日为止，其间借款人可按照合同约定分次提款。</td></tr></table></td></tr>
</table>

续 表

项目	内容
基本要素	续表 <table><tr><td>项目</td><td>内容</td></tr><tr><td>宽限期[解读2]</td><td>宽限期指从贷款提款完毕之日开始，或最后一次提款之日开始，至第一个还本付息之日为止，介于提款期和还款期之间。</td></tr><tr><td>还款期</td><td>还款期指从借款合同规定的第一次还款日起至全部本息清偿日止的期间。</td></tr></table> ②《中华人民共和国贷款通则》（以下简称《贷款通则》）有关期限的规定。[解读3] ◆贷款期限根据借款人的生产经营周期、还款能力和贷款人的资金供给能力由借贷双方共同商议后确定，并在借款合同中载明。 ◆自营贷款期限最长一般不得超过10年，超过10年应当报中国人民银行备案。 ◆票据贴现期限最长不得超过6个月，贴现期限为从贴现之日起到票据到期日止。 ◆不能按期归还贷款的，借款人应当在贷款到期日之前，向贷款人申请贷款展期。是否展期由贷款人决定。短期贷款展期期限累计不得超过原贷款期限；中期贷款展期期限累计不得超过原贷款期限的一半；长期贷款展期期限累计不得超过3年。 ③电子商业汇票的期限。 与传统纸质票据相比，电子商业汇票实现了以数据电文形式代替原有纸质实物票据、以电子签名取代实体签章、以网络传输取代人工传递、以计算机录入代替手工书写等变化，其期限延长至1年，使企业融资期限安排更加灵活。 (5) 贷款利率。 ①贷款利率的种类。 <table><tr><td>划分标准</td><td>种类</td><td>含义</td></tr><tr><td>按照贷款币种的不同</td><td>本币贷款利率和外币贷款利率</td><td>—</td></tr><tr><td>按照借贷关系持续期内利率水平是否变动</td><td>浮动利率和固定利率</td><td>◆固定利率指在贷款合同签订时即设定好固定的利率。 ◆浮动利率指借贷期限内利率随物价、市场利率或其他因素变化相应调整的利率。</td></tr></table>

解读2 在宽限期内银行只收取利息，借款人不用还本，或本息都不用偿还，但是银行仍应按规定计算利息，至还款期才向借款企业收取。

解读3 必考点：《贷款通则》有关期限的规定。

续 表

<table>
<tr><th>项目</th><th>内容</th></tr>
<tr><td>基本要素</td><td>
续表
<table>
<tr><th>划分标准</th><th>种类</th><th>含义</th></tr>
<tr><td>按照利率确定的机构不同</td><td>法定利率、行业公定利率和市场利率</td><td>◆法定利率指由政府金融管理部门或中央银行确定的利率，它是国家实现宏观调控的一种政策工具。
◆行业公定利率指由非政府部门的民间金融组织确定的利率。
◆市场利率指随市场供求关系的变化而自由变动的利率。</td></tr>
</table>
②我国贷款利率管理情况。
◆人民币贷款基础利率——贷款市场报价利率（LPR）。
2019 年 8 月，中国人民银行发布公告，决定改革完善 LPR 形成机制，LPR 报价方式由参考基准率改为参考公开市场操作利率，由各报价行按照对最优质客户执行的贷款利率，于每月 20 日（遇节假日顺延）以公开市场操作利率［主要指中期借贷便利（MLF）利率］加点形成的方式报价。经存量贷款转换后，自 2020 年 8 月 31 日起，LPR 成为我国浮动利率贷款的统一定价基准。
目前，LPR 分为 1 年期和 5 年期以上两个期限品种，商业银行发放的 1 年期和 5 年期以上贷款参照相应期限的 LPR 定价，1 年期以内、1 年至 5 年期贷款利率由商业银行自主选择参考的期限品种定价。
商业银行贷款利率按借贷双方共同商定的贷款合同签订日的相应期限 LPR 及加点数值（可为负值）确定，加点数值在合同剩余期限内固定不变。中长期贷款（期限在 1 年以上）合同期内贷款利率调整由借贷双方按商业原则确定，可在合同期内按月、按季、按年调整，每个利率重定价日，利率水平由最近一次相应期限 LPR 与商定的加点数值重新计算确定，也可采用固定利率的确定方式。
贷款展期，期限累计计算，累计期限达到新的利率档次时，自展期之日起，按展期日相应期限 LPR 及加点数值计息；达不到新的利率档次时，按展期日的原档次利率计息。
逾期贷款或挤占挪用贷款，从逾期或挤占挪用之日起，按罚息利率计收罚息，直到清偿本息为止，对不能按时支付的利息按罚息利率计收复利。
</td></tr>
</table>

续 表

项目	内容
基本要素	借款人在借款合同到期日之前提前还款，银行有权按原贷款合同约定的借款期限和利率向借款人收取利息。 ◆外汇贷款利率。 目前中国人民银行已不再公布外汇贷款利率，外汇贷款利率在我国已经实现市场化。国内商业银行通常以国际主要金融市场的利率为基础确定外汇贷款利率。 ③利率表达方式。 利率一般有年利率、月利率、日利率三种形式。年利率也称年息率，以年为计息期，一般按本金的百分比表示；月利率也称月息率，以月为计息期，一般按本金的千分比表示。日利率也称日息率，以日为计息期，一般按本金的万分比表示。 ④计息方式。 ◆按计算利息的周期通常分为按日计息、按月计息、按季计息、按年计息。 ◆按是否计算复利分为单利计息和复利计息。单利计息是指在计息周期内对已计算未支付的利息不计收利息；复利计息是指在计息周期内对已计算未支付的利息计收利息。 （6）还款方式（清偿计划）。 ①还款方式一般分为一次性还款和分次还款。其中分次还款又分为定额还款和不定额还款两种方式。定额还款包括等额还款和约定还款，其中等额还款通常包括等额本金还款和等额本息还款等方式。 ②应该明确贷款合同的还款方式，借款人必须按照贷款合同约定的还款方式还款。贷款合同中通常规定如借款人不按还款方式还款，则视为借款人违约，银行可按合同约定收取相应的违约金或采取其他措施。还款方式的任何变动都需要双方达成书面协议。 （7）担保方式。 ①担保指借款人无力或未按照约定按时还本付息或支付有关费用时贷款的第二还款来源。 ②按照《中华人民共和国民法典》（以下简称《民法典》）的有关规定，担保方式包括保证、抵押、质押和留置等。 （8）约束条件。 ①提款条件主要包括合法授权、政府批准、资本金要求、担保落实及其他提款条件。 ②持续维护条件主要包括财务维持、股权维持、信息交流及其他持续维护条件。

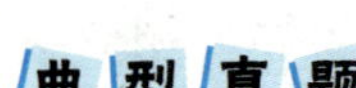

【单选题】甲企业在乙银行有一笔5年期固定资产贷款即将到期，但甲企业因资金暂时出现不足，无法偿还在乙银行的贷款。下列各项表述正确的是(　　)。

A. 乙银行业务部门客户经理对甲企业展期条件审查核实后，可直接批准

B. 乙银行经审批后可同意企业展期两年

C. 甲企业应在到期后向银行提出贷款展期申请

D. 甲企业应在到期日向银行提出贷款展期申请

【答案】B【解析】借款人不能按期归还贷款时，应当在贷款到期日之前，向银行申请贷款展期。贷款展期的审批与贷款的审批一样，实行分级审批制度。银行应根据业务量大小、管理水平和贷款风险度确定各级分支机构的审批权限，超过审批权限的，应当报上级机构审批。现行短期贷款展期的期限累计不超过原贷款期限；中期贷款展期的期限累计不得超过原贷款期限的一半；长期贷款展期的期限累计不得超过3年。国家另有规定的除外。

【单选题】电子票据的期限为(　　)，这使企业融资期限安排更加灵活。

A. 6个月　　B. 3个月　　C. 1年　　D. 9个月

【答案】C【解析】与传统纸质票据相比，电子商业汇票实现了以数据电文形式代替原有纸质实物票据、以电子签名取代实体签章、以网络传输取代人工传递、以计算机录入代替手工书写等变化，其期限延长至1年，使企业融资期限安排更加灵活。

【单选题】在商业银行贷款中，从贷款提款完毕之日起，或最后提款之日开始，至第一个还本付息之日为止的期间为(　　)。

A. 宽限期　　B. 还款期　　C. 展期　　D. 提款期

【答案】A【解析】宽限期指从贷款提款完毕之日开始，或最后一次提款之日开始，至第一个还本付息之日为止，介于提款期和还款期之间。

二、公司信贷的种类（重点掌握）

真考解读 属于必考点，一般会考2道题。

项目	内容
按贷款期限划分[解读4]	（1）短期贷款[解读5]：贷款期限在1年（含1年）以内的贷款。 （2）中期贷款：贷款期限在1年（不含1年）以上5年（含5年）以下的贷款。 （3）长期贷款：贷款期限在5年（不含5年）以上的贷款。
按货币种类划分	（1）人民币贷款：以人民币为借贷货币的贷款。 （2）外汇贷款：以外汇为借贷货币的贷款。

解读4 必考点：贷款期限的划分。

解读5 一般来说，长期贷款用于长期资金需求，短期贷款用于短期资金需求。

续 表

项目	内容
按贷款偿还方式划分	（1）一次还清贷款：指借款人在贷款到期时一次性还清贷款本息。短期贷款通常采取一次还清贷款的还款方式。 （2）分期偿还贷款：指借款人与银行约定在贷款期限内分若干期偿还贷款本金。中长期贷款采用分期偿还方式，中长期消费贷款还需按季或按月偿还贷款。
按贷款经营模式划分	（1）委托贷款[解读6]：指政府部门、企事业单位及个人等委托人提供资金，由银行（受托人）根据委托人确定的贷款对象、用途、金额、期限、利率等代为发放、监督使用并协助收回的贷款。 （2）特定贷款：指国务院批准并对贷款可能造成的损失确定相应补救措施后责成银行发放的贷款，银行不用承担贷款风险。 （3）自营贷款：指银行以合法方式筹集的资金自主发放的贷款，其风险由银行承担，并由银行收回本金和利息。
按贷款利率划分	（1）固定利率贷款。 （2）浮动利率贷款。
按是否计入资产负债表划分	（1）表内业务：主要包括贷款和票据贴现等。 （2）表外业务：主要包括保证业务、银行承兑汇票业务和信用证业务等。 ①保证业务：指银行应申请人的请求，向受益人开立书面信用担保凭证，保证在申请人未能按双方协议履行其责任或义务时，由银行代其按照约定履行一定金额的某种支付或经济赔偿责任的信贷业务。 ②银行承兑汇票业务：银行接受出票人的付款委托，承诺在承兑汇票到期日对收款人或持票人无条件支付汇票金额的票据行为。 ③信用证业务：指开证银行根据申请人（基础交易买方）的申请并按其指示，向受益人（基础交易卖方）开出书面承诺文件，承诺在符合信用证条款的情况下，凭规定的单据，向受益人支付一定金额或承兑的信贷业务。主要包括国内信用证业务和进口信用证业务。
按贷款有无担保划分	（1）抵押贷款[解读7]：指以借款人或第三人财产作为抵押发放的贷款。以按份共有的财产抵押的，必须具有抵押人对该财产占有份额的证明及其他共有人同意以其所占份额设定抵押的书面文件。 （2）质押贷款：指以借款人或第三人的动产或权利作为质押物发放的贷款。 （3）保证贷款：指以第三人承诺在借款人不能偿还贷款时，按约定承担一般保证责任或者连带保证责任而发放的贷款。 （4）信用贷款：指凭借款人信誉发放的贷款。其最大特点是不需要保证和抵押、质押等担保，仅凭借款人的信用就可以取得贷款。

解读6 委托贷款由委托人承担贷款风险，银行只收手续费，不代垫资金也不承担贷款风险。

解读7 若借款人不能按期归还贷款本息，银行将行使抵押权，处理抵押物以收回贷款。

典型真题

【多选题】公司信贷的种类按贷款期限可以分为(　　)。

A. 透支贷款　　B. 短期贷款　　C. 中期贷款

D. 长期贷款　　E. 永久贷款

【答案】BCD【解析】公司信贷的种类按贷款期限可以分为短期贷款、中期贷款和长期贷款，不存在永久贷款。

【判断题】一般来说，长期贷款用于长期资金需求，短期贷款用于短期资金需求。(　　)

A. 正确　　B. 错误

【答案】A【解析】一般来说，长期贷款用于长期资金需求，短期贷款用于短期资金需求。

第二节　公司信贷管理

视频讲解  微信扫描

一、公司信贷管理概述（重点掌握）

真考解读属于必考点，一般会考1道题。

项目	内容
信贷管理的流程解读1	(1) 贷款申请。 (2) 受理与调查。 (3) 审查及风险评价。 (4) 贷款审批：按照“审贷分离、分级审批”的原则对信贷资金的投向、金额、期限、利率等贷款内容和条件进行最终决策，逐级签署审批意见。 (5) 签订合同：强调协议承诺原则。 (6) 贷款发放。 (7) 贷款支付：设立独立的责任部门或岗位，负责贷款支付审核和支付操作。 (8) 贷后管理：监督借款人的贷款使用情况、跟踪掌握企业经营与财务状况及其清偿能力、检查贷款抵（质）押品和担保权益的完整性。 (9) 贷款回收与处置：按照合同约定，收回本金及利息，是借款人履行借款合同、维护信用关系当事人各方权益的基本要求。 ①银行业金融机构应该提前提示借款人到期还本付息。 ②对贷款需要展期的，贷款人应该审慎评估展期的合理性和可行性，科学地确定展期期限并完善展期手续，加强展期后管理。 ③确实因为借款人暂时经营困难而不能按期还款的，贷款人可与借款人协商贷款重组。 ④对于不良贷款，贷款人要按照有关规定和方式，予以核销或保全处置。

解读1风险评价隶属于贷款决策过程，是贷款全流程管理中的关键环节之一。

续 表

项目	内容
信贷管理的原则[解读2]	(1) 全流程贷款管理原则：将有效的信贷风险管理行为贯穿到贷款生命周期中的每一个环节。 (2) 诚信申贷原则。①借款人恪守诚实守信原则；②借款人应证明其信用记录良好、贷款用途和还款来源明确合法等。 (3) 实贷实付原则：银行业金融机构根据借款人的有效贷款需求，主要通过贷款人受托支付的方式，将贷款资金支付给符合合同约定的借款人交易对象的过程。 (4) 贷后管理原则：商业银行在贷款发放以后所开展的信贷风险管理工作。 (5) 协议承诺原则：通过强调合同的完备性、承诺的法制化乃至管理的系统化，弥补过去贷款合同的不足。协议承诺原则一方面要求贷款人在合同等协议文件中清晰规定自身的权利义务，另一方面要求客户签订并承诺一系列事项，依靠法律来约束客户的行为。一旦违约事项发生，则能够切实依法保护贷款人的权益。 (6) 贷放分控原则：银行业金融机构将贷款审批与贷款发放分别管理和控制，以降低信贷业务操作风险。
组织架构及其对应的职责	(1) 董事会及其专门委员会。董事会是商业银行风险管理的最高决策机构，承担商业银行全面风险管理的最终责任。 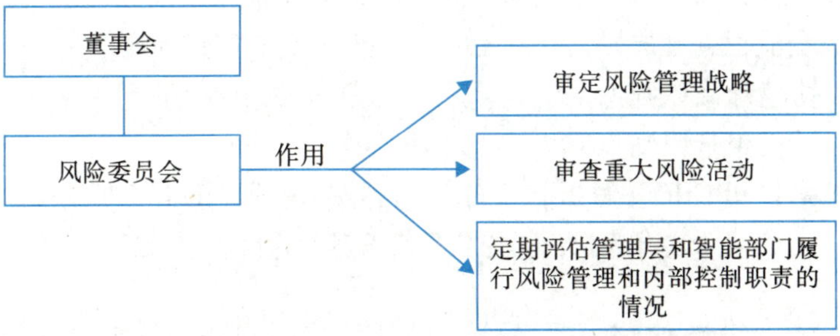 董事会 风险委员会 作用 审定风险管理战略 审查重大风险活动 定期评估管理层和智能部门履行风险管理和内部控制职责的情况 (2) 监事会。监事会对股东大会负责，从事商业银行内部尽职监督、财务监督、内部控制监督等工作。 (3) 高级管理层。主要职责是负责银行的经营管理工作，拟订银行内部管理机构设置方案和基本管理制度，授权内部各职能部门及分支机构负责人从事经营活动，组织实施经营计划，执行风险管理政策，制定风险管理的程序和操作规程，及时了解风险水平及其管理状况，并确保商业银行具备足够的人力、物力和恰当的组织结构、管理信息系统及技术水平，以有效地识别、计量、监测和控制各项业务所承担的各类风险。

解读2 必考点：信贷管理的原则。

续 表

<table>
<tr><th>项目</th><th colspan="3">内容</th></tr>
<tr><td rowspan="5">组织架构及其对应的职责</td><td colspan="3">（4）信贷业务前中后台部门。</td></tr>
<tr><td>部门</td><td>作用</td><td>示例</td></tr>
<tr><td>信贷前台部门</td><td>银行的“利润中心”，负责客户营销和维护。</td><td>公司业务部门、个人贷款业务部门。</td></tr>
<tr><td>信贷中台部门</td><td>贷款风险的管理和控制。</td><td>信贷审批及管理部门、风险管理部门、合规部门、授信执行部门。</td></tr>
<tr><td>信贷后台部门</td><td>信贷业务的配套支持和保障。</td><td>财务会计部门、稽核部门、信息技术部门。</td></tr>
</table>

典型真题

【单选题】下列商业银行各部门中，(　　)负责客户营销和维护，也是银行的“利润中心”。

A. 信贷管理部门　　B. 合规部门

C. 风险管理部门　　D. 信贷前台部门

【答案】D**【解析】**信贷前台部门是银行的“利润中心”，负责客户营销和维护。

【多选题】商业银行公司信贷管理的原则包括(　　)。

A. 全流程管理原则　　B. 实贷实付原则

C. 协议承诺原则　　D. 贷放分控原则

E. 诚信申贷原则

【答案】ABCDE**【解析】**公司信贷管理的原则：①全流程管理原则；②诚信申贷原则；③实贷实付原则；④贷后管理原则；⑤协议承诺原则；⑥贷放分控原则。

真考解读 较少考查，考生了解即可。

二、绿色信贷（了解）

项目	内容
开展绿色信贷的基本要求	（1）识别并建立环境风险和社会风险管理体系，完善管理。 （2）优化信贷结构，更好地服务实体经济。 （3）重点关注客户及其关联方给环境和社会带来的危害及相关风险。 （4）至少每两年开展一次绿色信贷的全面评估工作，并建立考核体系。 （5）实行有差别、动态的授信政策，实施风险敞口管理制度。

续 表

项目	内容
关键评价指标	（1）定性评价指标。 （2）定量评价指标。

第三节 公司信贷主要产品

一、公司信贷主要产品的概念（重点掌握）

真考解读 属于必考点，一般会考2道题。

（1）流动资金贷款：指贷款人向企（事）业法人或国家规定可以作为借款人的其他组织发放的，用于借款人日常生产经营周转的本外币贷款。

（2）固定资产贷款：指贷款人向企（事）业法人或国家规定可以作为借款人的其他组织发放的，用于借款人固定资产投资的本外币贷款。

（3）项目融资。项目融资是一种特殊形式的固定资产贷款。

（4）银团贷款[解读]：又称辛迪加贷款，指由两家或两家以上银行基于相同贷款条件，依据同一贷款合同，按约定时间和比例，通过代理行向借款人提供的本外币贷款或授信业务。按照在银团贷款中的职能和分工，银团成员通常分为牵头行、代理行和参加行等角色，也可根据实际规模与需要在银团内部增设副牵头行、联合牵头行等，并按照银团贷款合同履行相应职责。

解读 必考点：银团贷款的成员构成。

（5）并购贷款：指商业银行向并购方或其子公司发放的，用于支付并购交易价款的贷款。

（6）贸易融资：指基于买卖双方信用需求提供的融资。

（7）保证业务：指申请人为受益人向银行申请开立的书面信用担保凭证，以保证申请人在未能履行协议的责任或义务时，由银行代其履行经济赔偿责任。

典型真题

【单选题】企业因采购生产用原材料而向银行申请的贷款属于(　　)。

A. 流动资金贷款　　B. 固定资产贷款

C. 技术改造贷款　　D. 基本建设贷款

【答案】A【解析】企业因采购生产用原材料而向银行申请的贷款属于流动资金贷款。流动资金贷款是指贷款人向企（事）业法人或国家规定可以作为借款人的其他组织发放的，用于借款人日常生产经营周转的本外币贷款。

【判断题】项目融资是一种特殊形式的固定资产贷款。(　　)

A. 正确　　B. 错误

【答案】A【解析】项目融资是一种特殊形式的固定资产贷款。

真考解读 属于常考点，一般会考1道题。

二、贸易融资及保证业务（掌握）

（一）贸易融资

项目	内容
国内贸易融资	国内贸易融资包括国内保理、国内信用证以及国内信用证项下打包贷款等产品。
国际贸易融资	国际贸易融资按银行提供服务对象分类，包括出口方银行为出口商提供的服务和进口方银行为进口商提供的服务。 （1）信用证，指银行根据进口商的请求，给出口商开出的有条件的付款承诺的书面凭证。按不同的划分标准，信用证主要分为以下几类。 ①按开证行承诺性质的不同，分为可撤销信用证和不可撤销信用证。现在银行基本上只开不可撤销信用证。 ②按信用证项下的汇票是否附商业票据，分为跟单商业信用证和光票信用证。现在银行开立的基本上是跟单商业信用证。 ③按信用证项下的权利是否可转让，分为可转让信用证和不可转让信用证。现在银行开立的大多是不可转让信用证。 ④按付款期限，分为即期信用证和远期信用证。 ⑤按是否可循环使用，分为循环信用证和不可循环信用证。 ⑥按是否保兑可分为保兑信用证和无保兑信用证。 （2）打包贷款，又称信用证抵押贷款，指出口商在采购或生产与收到的信用证有关的出口商品时资金短缺，抵押该信用证，向银行申请流动资金贷款。 （3）押汇按融资用途来分，可分为出口押汇和进口押汇。 ①出口押汇，指获得货运单据质押权利的银行有追索权地对信用证项下或出口托收项下票据进行融资的行为。在国际上，出口押汇也称议付，即给付对价的行为。 ②进口押汇，指银行与进口申请人达成进口项下单据及货物的所有权归银行所有的协议后，以信托收据的方式释放单据并代其对外付款的行为。 （4）保理是一项集应收账款管理、信用风险担保、贸易融资及商业资信调查于一体的综合性金融服务。 （5）福费廷，又称包买票据或买断票据，指银行对出口商持有的远期承兑汇票或本票进行无追索权的贴现（即买断）。

典型真题

【判断题】出口押汇是指银行凭借获得货运单据质押权利有追索权地对信用证项下或出口托收项下票据进行融资的行为。出口押汇在国际上也称议付，即给付对价的行为。(　　)

A. 正确　　　　B. 错误

【答案】A**【解析】**题干表述正确。

（二）保证业务

项目	内容
融资性保证业务（包括借款或债券偿付保证）	融资性保证业务指银行应借款方（或债券发行人）的要求，向贷款方（或债券合法持有人）保证，如借款方（或债券发行人）未按期偿还借款（或债券）本息，银行将受理贷款方（或债券合法持有人）的索赔，按照保函约定承担保证责任。
非融资性保证业务	（1）投标保证：指银行应投标方的要求，向招标方保证，如投标方中标后在规定期限内不签订招投标项下的合同、在投标有效期内撤销投标书或者未在规定的期限内提交银行履约保函等，银行将受理招标方的索赔，按照保函约定承担保证责任。 （2）履约保证：指银行应保函申请人的要求，向其交易对手保证，如申请人未履行合同约定的义务，银行将受理其交易对手的索赔，按照保函约定承担保证责任。 （3）预收（付）款退款保证：指银行应预收款人要求，向预付款人保证，如预收款人不按合同约定使用预付款或没有履行合同，银行将受理预付款人的退款要求，按照保函约定承担保证责任。 （4）质量保证：指银行应卖方要求，向买方保证，如交付货物不符合合同约定而卖方又不能及时修复或更换时，银行将受理买方的索赔，按照保函约定承担保证责任。 （5）付款保证：指银行应买方的要求，向卖方保证，如卖方按买卖双方合同约定合格履行了其合同义务，买方不支付货款，银行将受理卖方的索赔，按照保函约定承担保证责任。

练习更多 微信扫描

章节练习

一、单选题（以下各小题所给出的四个选项中，只有一项符合题目要求，请选择相应选项，不选、错选均不得分）

1. 公司信贷的基本要素不包括(　　)。
   A. 信贷产品、金额、期限、利率和费率
   B. 清偿计划、担保方式
   C. 直接融资渠道
   D. 交易对象
2. A企业在B银行有一笔1年期流动资金贷款即将到期，但A企业因季节性因素影响了销售及资金回笼，资金暂时出现不足，无法偿还在B银行的贷款。下列表述中，正确的是(　　)。
   A. B银行业务部门客户经理对A企业展期条件审查核实后，可直接批准企业展期申请
   B. A企业应在到期日之前向银行提出贷款展期申请
   C. 为确保企业足额还款且不影响其正常生产，B银行可同意企业展期期限为2年
   D. 若A企业未向B银行提出展期申请，其贷款自到期之日起，转入次级类贷款
3. 下列选项中，不属于公司信贷的提款约束条件的是(　　)。
   A. 信息交流　　B. 监管条件落实
   C. 资本金要求　　D. 合法授权
4. 通过强调合同的完备性、承诺的法制化乃至管理的系统化，弥补过去贷款合同不足的是公司信贷管理的(　　)。
   A. 诚信申贷原则　　B. 贷放分控原则
   C. 全流程管理原则　　D. 协议承诺原则
5. 保证业务分为融资性保证和非融资性保证业务两大类，以下不属于非融资性保证业务的产品是(　　)。
   A. 投标保证　　B. 履约保证
   C. 质量保证　　D. 借款保证

二、多选题（以下各小题所给出的五个选项中，有两项或两项以上符合题目的要求，请选择相应选项，多选、少选、错选均不得分）

1. 根据《人民币利率管理规定》，下列关于利率的说法中，正确的有(　　)。
   A. 中长期贷款利率实行一年一定
   B. 贷款展期按合同规定的利率计息
   C. 短期贷款合同期内，遇利率调整不分段计息
   D. 逾期贷款从逾期之日起，按罚息利率计收罚息，直到清偿本息为止
   E. 借款人在借款合同到期日之前归还借款时，银行不得再按原贷款合同向借款人收取利息
2. 下列关于商业银行信贷管理组织架构的说法中，不正确的有(　　)。
   A. 董事会通常下设风险政策委员会，审定风险管理战略，审查重大风险活动
   B. 监事会是我国商业银行所特有的监督部门，对董事会负责

C. 股东大会是商业银行的最高风险管理和决策机构，承担商业银行风险管理的最终责任

D. 信贷中台部门负责贷款风险的管理和控制，是银行的“利润中心”

E. 监事会的主要职责是负责执行风险管理政策，制订风险管理的程序和操作规程，及时了解风险水平及其管理状况等

3. 以下贷款方式中，银行不用承担贷款风险的有(　　)。

A. 自营贷款　　B. 委托贷款　　C. 特定贷款

D. 银团贷款　　E. 辛迪加贷款

三、判断题（请对以下各项描述作出判断，正确的为A，错误的为B）

1. 在公司借贷宽限期内银行只收取利息，借款人不用还本，或本息都不用偿还，但是银行仍应按规定计算利息，至还款期才向借款企业收取。(　　)

A. 正确　　B. 错误

2. 提款期指从借款合同生效之日开始，至合同规定贷款金额全部提款完毕之日为止的一段期限，其间借款人不得分次提款。(　　)

A. 正确　　B. 错误

3. 商业银行对逾期或挤占挪用的贷款，从发现之日起，按照罚息利率计收罚息，直到清偿本息为止。(　　)

A. 正确　　B. 错误

答案详解

一、单选题

1. C【解析】公司信贷的基本要素主要包括交易对象、信贷产品、信贷金额、信贷期限、贷款利率、还款方式、担保方式和约束条件等。

2. B【解析】借款人不能按期归还贷款时，应当在贷款到期日之前，向银行申请贷款展期，故选项B正确。选项A，贷款展期的审批实行分级审批制度，银行应根据业务量大小、管理水平和贷款风险程度确定各级分支机构的审批权限，超过审批权限的，应当报上级机构审批。选项C，短期贷款展期期限累计不得超过原贷款期限，本题中，A企业获得的展期期限应不超过1年。选项D，借款人未申请展期或申请展期未得到批准，其贷款从到期日次日起，转入逾期贷款账户。

3. A【解析】公司信贷的约束条件中，提款条件主要包括合法授权、政府批准、资本金要求、担保落实及其他提款条件。选项A属于持续维护条件。

4. D【解析】协议承诺原则通过强调合同的完备性、承诺的法制化乃至管理的系统化，弥补过去贷款合同的不足。协议承诺原则一方面要求贷款人在合同等协议文件中清晰规定自身的权利义务，另一方面要求客户签订并承诺一系列事项，依靠法律来约束客户的行为。一旦违约事项发生，则能够切实依法保护贷款人的权益。

5. D【解析】非融资性保证业务较常见的产品有投标保证、履约保证、预收（付）款退款保证、质量保证、付款保证等。

二、多选题

1. ACD【解析】贷款展期，期限累计计算，累计期限达到新的利率档次时，自展期之日起，按

展期日相应期限LPR及加点数值计息；达不到新的利率档次时，按展期日的原档次利率计息，故选项B错误。借款人在借款合同到期日之前提前还款，银行有权按原贷款合同约定的借款期限和利率向借款人收取利息，故选项E错误。

2. BCDE【解析】监事会对股东大会负责，故选项B错误。董事会是商业银行风险管理的最高决策机构，承担商业银行全面风险管理的最终责任，故选项C错误。银行的“利润中心”是信贷前台部门，故选项D错误。执行风险管理政策，制订风险管理的程序和操作规程，及时了解风险水平及其管理状况等是高级管理层的主要职责，故选项E错误。

3. BC【解析】委托贷款由委托人承担贷款风险，银行只收手续费，不代垫资金也不承担贷款风险，故选项B正确。特定贷款是由国务院批准并对贷款可能造成的损失确定相应补救措施后责成银行发放的贷款，银行不需承担贷款风险，故选项C正确。

三、判断题

1. A【解析】在宽限期内银行只收取利息，借款人不用还本，或本息都不用偿还，但是银行仍应按规定计算利息，至还款期才向借款企业收取。

2. B【解析】提款期指从借款合同生效之日开始，至合同规定贷款金额全部提款完毕之日为止，或最后一次提款之日为止，其间借款人可按照合同约定分次提款。

3. B【解析】逾期贷款或挤占挪用贷款，从逾期或挤占挪用之日起，按罚息利率计收罚息，直到清偿本息为止，对不能按时支付的利息按罚息利率计收复利。

第二章　贷款申请受理和贷前调查

应试分析

本章主要介绍关于贷款方（借款人）的相关知识、贷款申请受理的相关环节及贷前调查的方法和内容。本章是考试的重点，涉及分值约为 8 分。考生在复习时可以根据思维导图的框架进行理解记忆。

思维导图

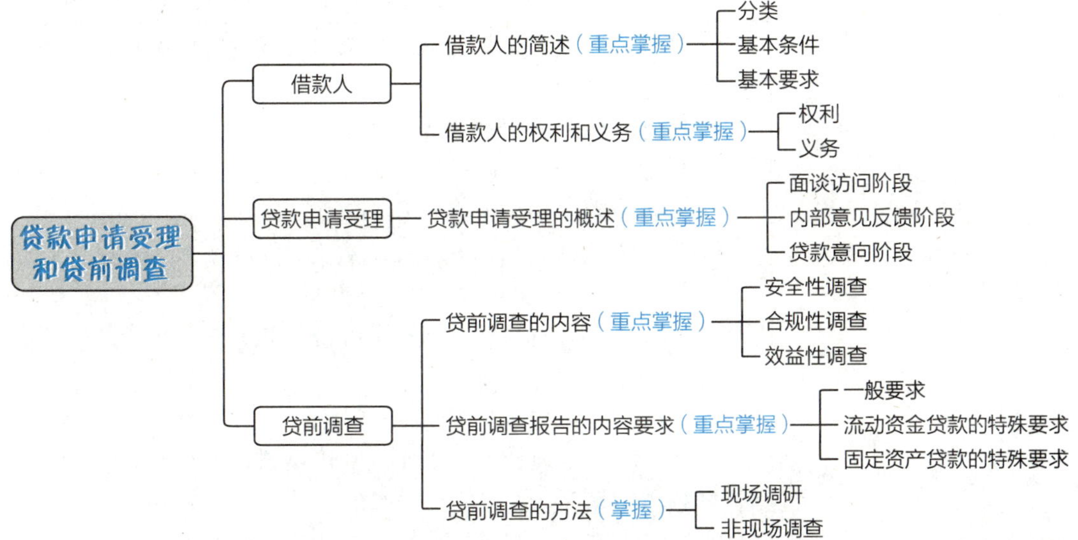

微信扫码关注
畅享在线做题

微信扫码关注
获取免费直播课

知识精讲

第一节 借款人

真考解读 属于必考点，一般会考1道题。

一、借款人的简述（重点掌握）

项目	内容
分类	按照行业门类、大类、中类和组合类别，依据从业人员、营业收入、资产总额等指标或替代指标，可以将其划分为大型、中型、小型、微型四种类型。其中，个体工商户也参照此标准进行分类。
基本条件[解读1]	借款人应当是经市场监督管理部门（或主管机关）核准登记的企（事）业法人。 （1）固定资产贷款借款人的条件。 ①依法经工商行政管理机关或主管机关核准登记。 ②信用状况良好，无重大不良记录。 ③新设项目法人的，其控股股东应有良好的信用状况，无重大不良记录。 ④国家对拟投资项目有投资主体资格和经营资质要求的，符合其要求。 ⑤借款用途及还款来源明确、合法。 ⑥项目符合国家的产业、土地、环保等相关政策，并按规定履行了固定资产投资项目的合法管理程序。 ⑦符合国家有关投资项目资本金制度的规定。 ⑧贷款人要求的其他条件。 （2）流动资金贷款借款人的条件。 ①借款人依法设立。 ②借款用途明确、合法。 ③借款人生产经营合法、合规。 ④借款人具有持续经营能力，有合法的还款来源。 ⑤借款人信用状况良好，无重大不良信用记录。 ⑥贷款人要求的其他条件。
基本要求	（1）借款人应符合的要求： ①经营管理合法合规性（新建项目企业法人所有者权益与所需总投资的比例不得低于国家规定的投资项目资本金比例）。 ②诚信申贷。 ③符合借款人的主体资格要求。 ④信用记录良好。

解读1 必考点：固定资产贷款和流动资金贷款借款人的条件。

续 表

项目	内容
基本要求	⑤贷款用途及还款来源[解读2]明确合法。 (2)借款人的主体资格要求: ①企业法人依法办理工商登记,取得营业执照和有效年检手续。 ②事业法人依照《事业单位登记管理暂行条例》的规定办理登记备案。 ③特殊行业须持有相关机构颁发的营业或经营许可证。

解读2 还款资金来源应在贷款申请时明确,一般情况下通过正常经营所获取的现金流量是贷款的首要还款来源。

典型真题

【单选题】固定资产贷款借款人的经营管理要满足合法合规的要求,以下不符合这一要求的是(   )。

A. 借款人的经营活动符合国家产业政策和区域发展政策

B. 借款人的经营活动符合企业执照规定的经营范围和公司章程

C. 新建项目所有者权益与总投资比例可以适度低于国家规定的资本金比例

D. 借款人的经营活动应符合国家相关法律法规规定

【答案】C【解析】新建项目企业法人所有者权益与所需总投资的比例不得低于国家规定的投资项目资本金比例。

二、借款人的权利及义务(重点掌握)

真考解读 属于必考点,一般会考2道题。

项目	内容
权利	(1)可以自主向主办银行或者其他银行的经办机构申请贷款并依条件取得贷款。 (2)有权按合同约定提取和使用全部贷款。 (3)有权拒绝借款合同以外的附加条件。 (4)有权向银行的上级监管部门反映、举报有关情况。 (5)在征得银行同意后,有权向第三方转让债务。
义务	(1)如实提供银行要求的资料(法律规定不能提供者除外),应当向银行如实提供所有开户行、账号及存贷款余额情况,配合银行的调查、审查和检查。 (2)应当接受贷款人对其使用信贷资金情况和有关生产经营、财务活动的监督。 (3)应当按借款合同约定用途使用贷款。 (4)应当按借款合同约定及时清偿贷款本息。 (5)将债务全部或部分转让给第三方的,应当取得贷款人(债权人)的同意。 (6)有危及银行债权安全的情况时,应当及时通知银行,同时采取保全措施。

典型真题

【单选题】根据《贷款通则》的有关规定，下列关于借款人权利的表述中，错误的是(　　)。

A. 有权按合同约定提取和使用全部贷款

B. 可以自主向主办银行或者其他银行的经办机构申请贷款并依条件取得贷款

C. 有权向贷款人的上级和中国人民银行反映、举报有关情况

D. 无须征求银行意见，可以直接向第三方转让债务

【答案】D【解析】《贷款通则》第十八条规定，借款人在征得贷款人（银行）同意后，有权向第三方转让债务。

【多选题】根据《贷款通则》的规定，借款人的权利包括(　　)。

A. 有权向银行的上级和监管部门反映、举报有关情况

B. 在征得贷款人（银行）同意后，有权向第三方转让债务

C. 有权按合同约定提取和使用全部贷款

D. 有权向主办银行或者其他银行的经办机构申请贷款并依条件取得贷款

E. 有权拒绝执行借款合同中对其不利的要求和条款

【答案】ABCD【解析】根据《贷款通则》的规定，借款人的权利如下：①可以自主向主办银行或者其他银行的经办机构申请贷款并依条件取得贷款；②有权按合同约定提取和使用全部贷款；③有权拒绝借款合同以外的附加条件；④有权向银行的上级监管部门反映、举报有关情况；⑤在征得银行同意后，有权向第三方转让债务。

第二节　贷款申请受理

贷款申请受理的概述（重点掌握）

真考解读 属于必考点，一般会考2道题。

贷款[解读1]申请受理一般需要经历如下过程：

面谈访问阶段 → 内部意见反馈阶段 → 贷款意向阶段

解读1 贷款是商业银行最主要的资产业务。

（一）面谈访问阶段

项目	内容
面谈准备	（1）不管是商业银行主动营销的客户还是向商业银行提出贷款需求的客户，信贷客户经理应尽可能通过安排面谈等方式进行前期调查。前期调查的主要目的在于确定是否能够受理该笔贷款业务、是否投入更多时间和精力进行后续的贷款洽谈、是否需要正式开始贷前调查工作。

续 表

项目	内容
面谈准备	（2）初次面谈前应拟订的提纲：①客户总体情况；②客户信贷需求；③拟向客户推介的信贷产品等。
面谈内容	（1）面谈标准。“6C”标准原则，即品德（Character）、能力（Capacity）、资本（Capital）、担保（Collateral）、环境（Condition）和控制（Control）。 （2）面谈中须了解的信息：①客户的公司状况；②客户的贷款需求状况[解读2]；③客户的还贷能力；④抵押品的可接受性；⑤客户与银行的关系。 （3）面谈结束的注意事项。 ①客户的贷款申请可以考虑（但还不确定是否受理），调查人员应当向客户获取进一步的信息资料，并准备后续调查工作，注意不得超越权限作出有关承诺。 ②客户的贷款申请不予考虑，调查人员应留有余地地表明银行立场，向客户耐心解释原因，并提供其他融资渠道建议，或寻找其他业务合作机会。

解读2 面谈中须了解客户的贷款需求状况，包括贷款目的、贷款用途、贷款金额、贷款期限、贷款利率及贷款条件等。

（二）内部意见反馈阶段

（1）客观汇报了解到的客户信息并做核查。

（2）客观及时撰写会谈纪要，在必要情况下，有关书面材料应送交风险管理部门出具意见或者按程序汇报主管行领导。[解读3]

解读3 业务人员应坚持将贷款安全性放在第一位。

（三）贷款意向阶段

1. 贷款意向书和贷款承诺的比较

项目		贷款意向书	贷款承诺
相同点	适用贷款	适用于中长期贷款，但并非每一笔中长期贷款均需做贷款意向书或贷款承诺。	
	出具要求	及早介入、及时审查，须按内部审批权限批准后方可对外出具。	
不同点	法律效力	贷款意向书是为贷款进行下一步的准备和商谈而出具的一种意向性的书面声明，不具有法律效力。	贷款承诺是借贷双方就贷款的主要条件已经达成一致，银行同意在未来特定时间内向借款人提供融资的书面承诺，具有法律效力。
	出具权限	贷款意向书一般没有权限限制，超出所在行权限的项目须报上级行备案。	对外出具贷款承诺时，超出基层行权限的项目报上级行审批。

2. 贷款申请资料的准备

项目	内容
申请书的要求（签字并加盖借款人公章）	（1）借款人概况。（2）申请借款金额。（3）借款币别。（4）借款期限。（5）借款用途。（6）借款利息。（7）还款来源。（8）还款保证。（9）用款计划。（10）还款计划及其他事项。
其他资料的要求	（1）注册登记或批准成立的有关文件。 （2）企业征信报告。 （3）借款人的验资证明。 （4）借款人近3年和最近一期的财务报表。 （5）借款人预留印鉴卡及开户证明。 （6）法人代表或负责人身份证明及其必要的个人信息。 （7）借款人自有资金、其他资金来源到位或能够计划到位的证明文件。 （8）相关交易合同、协议。
不同贷款类型需要提供的相关材料	（1）保证形式类贷款。 ①有担保能力的担保人的营业执照复印件。 ②担保人经审计的近3年财务报表。 ③外商投资企业或股份制企业应提交关于同意提供担保的董事会决议和授权书正本。 （2）固定资产类贷款。 ①符合国家有关投资项目资本金制度规定的证明文件。 ②项目可行性研究报告及有关部门对研究报告的批复。 ③其他配套条件落实的证明文件。 ④转贷款、国际商业贷款及境外借款担保项目应提交国家计划部门关于筹资方式、外债指标的批文。 ⑤政府贷款项目提交该项目列入双方政府商定的项目清单的证明文件。 （3）流动资金类贷款。 ①原辅材料采购合同，产品销售合同或进出口商务合同。 ②营运计划及现金流量预测。 ③出口打包贷款应出具进口方银行开立的信用证。 ④票据贴现应出具承兑的汇票。 ⑤借款用途涉及国家实施配额、许可证等方式管理的进出口业务，应出具相应批件。 （4）抵（质）押形式类贷款。 ①抵（质）押物清单。

续 表

项目	内容
不同贷款类型需要提供的相关材料	②抵（质）押物价值评估报告。 ③抵（质）押物权属证明文件。 ④抵（质）押人为外商投资企业或股份制企业，应出具同意提供抵（质）押的董事会决议和授权书。
注意事项	(1) 区别对待企业提交的经审计和未审计的财务报表。 (2) 新建项目应及时向借款人获取重要的财务数据。 (3) 根据借款人或担保人公司章程中的相关规定，决定贷款是否必须提交董事会决议。 (4) 业务人员有核对义务，核对无误后须在复印件上签字确认。

典型真题

【单选题】下列关于贷款意向书与贷款承诺的说法中，错误的是(　　)。

A. 贷款意向书和贷款承诺都是贷款程序中不同阶段的成果

B. 贷款意向书和贷款承诺常见于短期贷款

C. 有的贷款操作过程中既不需要贷款意向书也不需要贷款承诺

D. 贷款意向书表明该文件是为贷款进行下一步的准备和商谈而出具的一种意向性的书面声明

【答案】B **【解析】**贷款意向书和贷款承诺都是贷款程序中不同阶段的成果，常见于中长期贷款。

【多选题】无论借款人申请何类贷款，均应提供的材料一般包括(　　)。

A. 注册登记资料

B. 借款人近3年财务报告和最近一期的财务报表

C. 开户证明

D. 征信报告

E. 项目评估报告

【答案】ABCD **【解析】**为了获取客户进一步的信息，除借款申请书外，业务人员要求客户提供的基本材料包括以下内容：①注册登记或批准成立的有关文件；②企业征信报告；③借款人的验资证明；④借款人近3年和最近一期的财务报表；⑤借款人预留印鉴卡及开户证明；⑥法人代表或负责人身份证明及其必要的个人信息；⑦借款人自有资金、其他资金来源到位或能够计划到位的证明文件；⑧相关交易合同、协议。

第三节　贷前调查

真考解读 属于必考点，一般会考1道题。

一、贷前调查的内容（重点掌握）

项目	内容
安全性调查	（1）调查借款人、保证人及其法定代表人的品行、业绩、能力和信誉，公司治理机制是否建立健全，财务管理状况，过去3年的经营效益情况，原到期贷款及应付利息清偿情况和履行协议条款的历史记录等内容。 （2）调查有限责任公司和股份有限公司对外股本权益性投资和关联公司情况。 （3）调查抵押物的价值评估情况。 （4）调查认定借款人、保证人承受风险的能力，以及汇率变化是否会影响申请外汇贷款的客户的抵（质）押担保额。 【提示】贷前调查的主要对象是借款人、保证人、抵（质）押人、抵（质）押物等。
合规性调查	贷款的合规性是指银行业务人员对借款人和担保人的资格合乎法律和监管要求的行为进行调查、认定。 （1）认定借款人、担保人合法主体资格。 （2）认定借款人、担保人的法定代表人、授权委托人、法人的公章和签名的真实性和有效性，并依据授权委托书所载明的代理事项、权限、期限认定授权委托人是否具有签署法律文件的资格、条件。 （3）对需董事会决议同意借款和担保的，信贷业务人员应调查认定董事会同意借款、担保决议的真实性、合法性和有效性。 （4）对需股东（大）会决议同意借款和担保的，信贷业务人员应调查认定股东（大）会同意借款、担保决议的真实性、合法性和有效性。 （5）对抵押物、质押物清单所列抵（质）押物品或权利的合法性、有效性进行认定。 （6）对贷款使用合法合规性进行认定。 （7）对购销合同的真实性进行认定。 （8）对借款人的借款目的进行调查。
效益性调查	（1）根据当期资金成本、拨备等监管要求，计算贷款的利差及风险调整后的收益情况。 （2）对借款人过去和未来给银行带来收入、存款、贷款、结算、结售汇等综合效益情况进行调查、分析、预测。 贷款的效益性是商业银行经营管理活动的主要动力。

典型真题

【判断题】贷款的合规性调查指银行业务人员对借款人和担保人的资格合乎法律和监管要求的行为进行调查、认定。(　　)

A. 正确　　　　B. 错误

【答案】A【解析】业务人员在开展贷前调查工作时，需要对贷款合法合规性、安全性和效益性等方面进行调查。其中，贷款的合规性调查指银行业务人员对借款人和担保人的资格合乎法律和监管要求的行为进行调查、认定。

二、贷前调查报告的内容要求（重点掌握）

真考解读 属于必考点，一般会考1道题。

项目	内容
一般要求解读1	调查报告一般包括以下内容：①借款人基本情况；②借款人生产经营及经济效益情况；③借款人财务状况；④借款人资信及与银行往来情况；⑤资金用途；⑥还款能力；⑦担保情况；⑧银行业金融机构收益预测；⑨风险评估意见；⑩结论性意见。
流动资金贷款的特殊要求	(1) 分析借款人经营规模及运作模式、季节性、技术性及结算方式等因素对借款人流动资金需求量的影响。 (2) 以企业产销规模为参照指标，借助一定的计量方法，测算出企业流动资金贷款需求规模，按照现有经济运行状况、行业发展规律和发展前景等确定实际流动资金贷款需求量。
固定资产贷款的特殊要求	(1) 用款项目的内容：①项目合法性要件取得情况；②投资估算与资金筹措安排情况；③项目建设必要性及技术情况；④项目配套条件落实情况；⑤项目效益情况及风险分析。 (2) 项目合法性要件主要包括以下内容。 ①可行性研究报告批复、立项批复、土地利用合法性文件、规划批复、环评批复等合法性要件的取得时间、批文文号、批复内容与项目是否一致；②项目总投资、投资构成及来源；③产品名称、规模；④经济效益和社会效益评价等内容。

解读1 必考点：贷前调查报告的一般要求。

典型真题

【多选题】商业银行固定资产贷款贷前调查报告一般包括的内容有(　　)。

A. 借款人资信情况　　　　B. 项目情况

C. 项目效益情况　　　　D. 担保情况

E. 还款能力

【答案】ABCDE【解析】五个选项均属于商业银行固定资产贷款贷前调查报告一般包括的内容。

真考解读 属于常考点，一般会考2道题。

解读2 现场调研是贷前调查中最常用、最重要的一种方法，同时也是在一般情况下必须采用的方法，通过现场调研可获得对企业最直观的了解。

三、贷前调查的方法（掌握）

项目	内容
现场调研[解读2]	（1）现场会谈：约见尽可能多的、不同层次的成员，重点了解其关于企业经营战略和发展的思路、企业内部的管理情况。 （2）实地考察：实地了解公司的运营情况。
非现场调查	（1）搜寻调查：通过各种媒介物搜寻有价值的资料。 （2）委托调查：通过中介机构或银行自身网络开展调查。 （3）其他方法：①接触客户的关联企业、竞争对手或个人获取有价值信息；②通过行业协会、政府的职能管理部门了解客户的真实情况。

典型真题

【多选题】贷前调查的方法主要包括(　　)。

A. 委托调查　　B. 客户评级

C. 搜寻调查　　D. 通过行业协会了解客户的真实情况

E. 现场调研

【答案】ACDE【解析】贷前调查的方法：①现场调研；②非现场调查。非现场调查包括搜寻调查、委托调查、其他方法（如通过行业协会了解客户的真实情况）。

【判断题】搜寻调查是贷前调查中最常用、最重要的一种方法，因为搜寻调查的信息最具权威性、可行性和全面性。(　　)

A. 正确　　B. 错误

【答案】B【解析】贷前调查中最常用、最重要的一种方法是现场调研，同时也是在一般情况下必须采用的方法，通过现场调研可获得对企业最直观的了解。

章节练习

一、单选题（以下各小题所给出的四个选项中，只有一项符合题目要求，请选择相应选项，不选、错选均不得分）

1. 如借款人拟将债务转让给第三方，必须事先获得(　　)的同意。

   A. 借款人所属行业主管部门　　B. 国务院银行业监督管理机构

   C. 债权人　　D. 中国人民银行

2. 商业银行信贷人员在受理客户借款申请后，通过初次面谈了解客户贷款需求状况时，除了了解贷款目的、贷款金额、贷款期限、贷款利率、贷款条件，还必须了解(　　)。

   A. 经济走势　　B. 贷款用途　　C. 贷款汇率　　D. 宏观政策

3. 在商业银行的实务操作中，判断贷款申请是否受理时，业务人员应坚持将(　　)放在第一位。

A. 贷款安全性　　B. 客户信用　　C. 贷款收益　　D. 维持客户

4. 面谈结束时，如客户的贷款申请可以考虑，但不确定是否可受理，调查人员应(　　)。

A. 申报贷款　　B. 先做必要承诺，留住客户

C. 不做表态　　D. 准备后续调查

二、多选题（以下各小题所给出的五个选项中，有两项或两项以上符合题目的要求，请选择相应选项，多选、少选、错选均不得分）

1. 商业银行对其开展公司信贷业务进行前期调查的目的主要在于确定(　　)。

A. 是否进行信贷营销

B. 是否能够受理该笔贷款业务

C. 是否需要提高贷款利率

D. 是否投入更多的时间和精力进行后续贷款洽谈

E. 是否需要正式开始贷前调查工作

2. 贷款申请受理环节，初次面谈的工作提纲应包括(　　)。

A. 客户总体情况　　B. 客户信贷需求　　C. 客户家庭背景

D. 签订借款合同　　E. 拟向客户推介的信贷产品

3. 下列选项中，不属于贷款合规性调查内容的有(　　)。

A. 考察借款人、保证人是否已建立良好的公司治理机制

B. 对抵押物的价值评估情况做出调查

C. 对贷款使用合法合规性进行认定

D. 认定授权委托人的公章和签名的真实性和有效性

E. 对购销合同的真实性进行认定

三、判断题（请对以下各项描述作出判断，正确的为 A，错误的为 B）

1. 根据《流动资金贷款管理暂行办法》的规定，流动资金贷款借款人应信用状况良好，无重大不良信用记录；借款人应具有持续经营能力，可以没有可靠的还款来源。(　　)

A. 正确　　B. 错误

2. 企业法人和事业法人只有经过工商部门的年检并办理年检手续才能够申请办理贷款业务。(　　)

A. 正确　　B. 错误

答案详解

一、单选题

1. C【解析】《贷款通则》规定，将债务全部或部分转让给第三方的，应当取得贷款人（债权人）的同意。

2. B【解析】面谈中须了解客户的贷款需求状况，包括贷款目的、贷款用途、贷款金额、贷款期限、贷款利率及贷款条件等。

3. A【解析】作为风险防范的第一道关口，在贷款的派生收益与贷款本身安全性的权衡上，业务人员应坚持将贷款安全性放在第一位，对安全性较差的项目在受理阶段须持有谨慎态度。

4. D【解析】面谈结束时，调查人员应及时对客户的贷款申请作出必要反应，如客户的贷款申请可以考虑（但还不确定是否受理），应向客户获取进一步的信息资料，并准备后续调查工作，注意不得超越权限作出有关承诺。

二、多选题

1. BDE【解析】前期调查的主要目的在于确定是否能够受理该笔贷款业务、是否投入更多时间和精力进行后续的贷款洽谈、是否需要正式开始贷前调查工作。

2. ABE【解析】初次面谈，调查人员应当做好充分准备，拟订详细的面谈工作提纲。提纲内容应包括以下内容：①客户总体情况；②客户信贷需求；③拟向客户推介的信贷产品等。

3. AB【解析】选项A和选项B属于贷款安全性调查的内容。

三、判断题

1. B【解析】根据《流动资金贷款管理暂行办法》的规定，流动资金贷款申请应具备以下条件：①借款人依法设立；②借款用途明确、合法；③借款人生产经营合法、合规；④借款人具有持续经营能力，有合法的还款来源；⑤借款人信用状况良好，无重大不良信用记录；⑥贷款人要求的其他条件。

2. B【解析】借款人的主体资格要求：①企业法人依法办理工商登记，取得营业执照和有效年检手续；②事业法人依照《事业单位登记管理暂行条例》的规定办理登记备案；③特殊行业须持有相关机关颁发的营业或经营许可证。

第三章　借款需求分析

应试分析

本章主要介绍借款需求分析的概述、内容，借款需求的一般测算及其与负债结构的关系。在近些年的考试中，本章考查比重有所上升，涉及的分值约为 9 分。本章的重点是借款需求的概述、借款需求分析的内容以及借款需求与负债结构的关系。考生在学习本章时，要结合本章公式里的具体内容理解记忆，切勿死记硬背。

思维导图

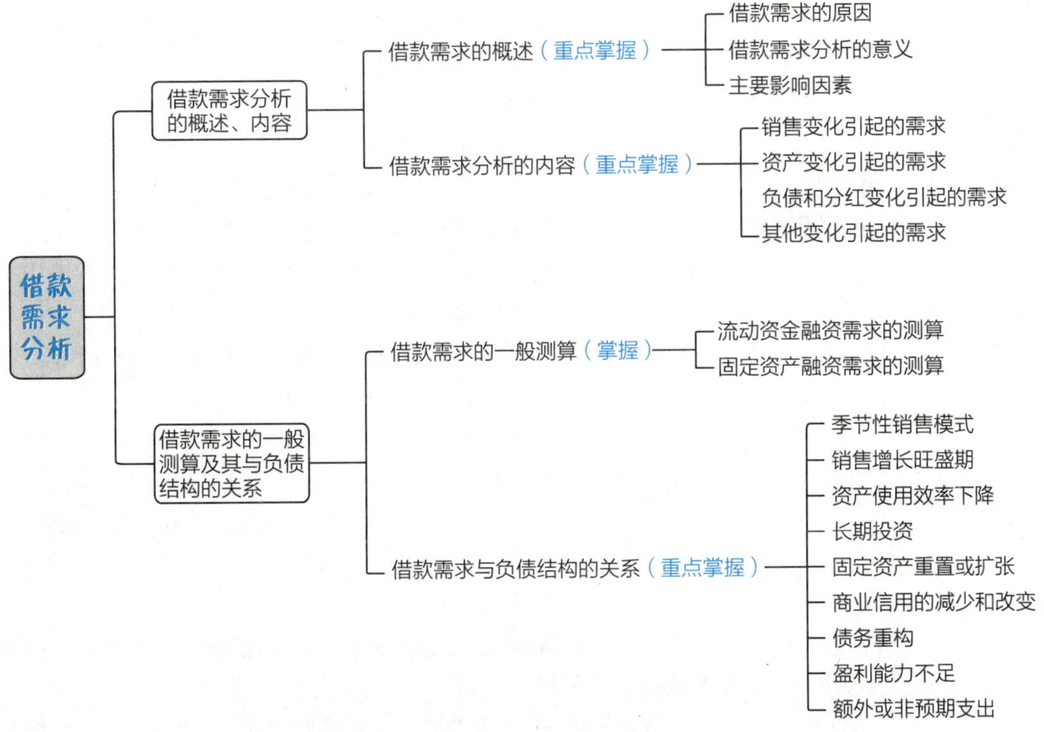

微信扫码关注
畅享在线做题

微信扫码关注
获取免费直播课

知识精讲

第一节　借款需求分析的概述、内容

真考解读 属于必考点，一般会考1道题。

一、借款需求的概述（重点掌握）

项目	内容
借款需求的原因	长期性资本支出以及季节性存货和应收账款增加等导致的现金短缺。
借款需求分析的意义	（1）银行能够更有效地评估风险，更合理地确定贷款期限，并帮助企业提供融资结构方面的建议。 （2）银行在对客户进行借款需求分析时，要关注企业的借款需求原因，即所借款项的用途，同时还要关注企业的还款来源以及可靠程度。实际上，在一个结构合理的贷款中，企业的还款来源与其贷款原因应当是相匹配的，而这可以通过借款需求分析来实现。 （3）银行只有通过借款需求分析，才能把握公司借款需求的本质，从而作出合理的贷款决策。 （4）有利于公司的稳健经营，也有利于银行降低贷款风险。 （5）有利于银行进行全面的风险分析。
主要影响因素	主要影响因素包括季节性销售增长、长期销售增长、资产运营效率下降、商业信用的减少及改变、债务重构、固定资产重置及扩张、长期投资、红利支付、一次性或非预期支出、利润率下降等。 （1）从资产负债表角度分析。 ①季节性销售增长、长期销售增长、流动资产周转率下降可能导致流动资产增加。 ②商业信用的减少及改变、债务重构可能导致流动负债结构变化。 ③固定资产重置及扩张、长期投资可能导致长期资产的增加。 ④红利支付可能导致资本净值的减少。 （2）从利润表角度分析。 一次性或非预期的支出、利润率的下降都可能对企业的收入支出产生影响，进而影响到企业的借款需求。

典型真题

【多选题】借款需求的主要影响因素包括（　　）。

A. 季节性销售增长　　B. 长期销售增长

C. 固定资产重置及扩张　　D. 红利支付

E. 资产运营效率下降

【答案】ABCDE【解析】借款需求的主要影响因素包括季节性销售增长、长期销售增长、资产运营效率下降、商业信用的减少及改变、债务重构、固定资产重置及扩张、长期投资、红利支付、一次性或非预期支出、利润率下降等。

二、借款需求分析的内容（重点掌握）

真考解读 属于必考点，一般会考2道题。

（一）销售变化引起的需求

1. 季节性销售增长

项目	内容
季节性资产增加的主要融资渠道	（1）内部融资：公司内部有价证券和现金。 （2）季节性商业负债增加：应付账款和应计费用。 （3）银行贷款。
银行可获取的信息	（1）决定季节性销售模式是否产生季节性借款需求。 （2）评估营运资本投资[解读1]需求的时间与金额。 （3）决定合适的季节性贷款结构及偿还时间表。

解读1 公司一般会尽可能用内部资金来满足营运资本投资，如果内部融资无法满足其全部融资需求，公司一般会向银行申请短期贷款。银行贷款的还款来源主要是季节性资产减少所释放出的现金。

2. 长期销售收入增长

（1）资产增长的模式。

项目	内容
运营资本来源	①内部留存收益。 ②外部长期融资：核心流动资产增长必须由长期融资实现。
借款需求的判断方法	①判断持续的销售增长率是否足够高（简单快速的方法）。 ②销售收入是否保持快速、稳定的增长。 ③经营现金流是否可以满足营运资本投资和资本支出的增长。 ④资产效率是否相对稳定。

（2）可持续增长率。

项目	内容
可持续增长率[解读2]的假设条件、决定因素及计算公式	①假设条件。 a. 公司的资产使用效率将维持当前水平。 b. 公司销售净利率维持当前水平，并可以涵盖负债的利息。 c. 公司的财务杠杆不变。 d. 公司保持持续不变的红利发放政策。

解读2 可持续增长率的四个影响因素包括利润率、资产使用效率、财务杠杆和红利支付率。

续 表

项目	内容
可持续增长率的假设条件、决定因素及计算公式	e. 公司未增发股票，增加负债是其唯一的外部融资来源。 ②决定因素。 利润率：利润率越高，销售增长越快。 留存利润：用于分红的利润越少，销售增长越快。 资产使用效率：效率越高，销售增长越快。 财务杠杆：财务杠杆越高，销售增长越快。 ③计算公式。 $SGR=\frac{ROE\times RR}{1-ROE\times RR}$ 红利支付率 = 股息分红/净利润 × 100% ROE = 净利润/所有者权益 × 100% 其中，SGR 表示可持续增长率；ROE 表示资本回报率；RR 表示留存比率，$RR=1-$红利支付率。
引入新变量后 ROE 的组成因子	（1）净利润率 = 净利润/销售收入 × 100% （2）总资产周转率 = 销售收入/总资产 × 100% （3）财务杠杆率 = 总资产/所有者权益 × 100% = 1 + 总负债/所有者权益 ROE = 净利润率 × 总资产周转率 × 财务杠杆率 $=\frac{净利润}{销售收入}\times\frac{销售收入}{总资产}\times\frac{总资产}{所有者权益}$ $SGR=\frac{\frac{净利润}{销售收入}\times\frac{销售收入}{总资产}\times\frac{总资产}{所有者权益}\times RR}{1-\left(\frac{净利润}{销售收入}\times\frac{销售收入}{总资产}\times\frac{总资产}{所有者权益}\times RR\right)}$

解读3 贷款的原因是资产效率下降和商业信用减少。

解读4 存货通常会在销售旺季期间或之前出现增长。

（二）资产变化引起的需求

项目	内容
资产效率的下降[解读3]	借款需求表现：应收账款和存货[解读4]的增加、应付账款的减少。
固定资产的扩张与重置	（1）扩张。 ①扩张模式：阶梯式扩张。 ②作用：决定销售收入的增长。 ③指标分析。 a. 销售收入/净固定资产比率较高或不断增长，则说明固定资产的使用效率较高。超过一定比率后，固定资产的扩张便成为企业借款的合理原因。

续　表

项目	内容
固定资产的扩张与重置	b. 可持续增长率。 （2）重置[解读5]。 ①原因：技术更新以及设备自然老化。 ②银行评估贷款的指标。 a. 公司的经营和资本投资周期，设备的使用年限和目前状况。 b. 影响固定资产重置的技术变化率。 ③公式。 固定资产使用率[解读6] = 累计折旧/总折旧固定资产 × 100% 固定资产剩余寿命 = 净折旧固定资产/折旧支出 a. 固定资产使用率中的固定资产价值代表了一个公司的整个固定资产基础。而固定资产基础可能相对较新，但有一些个人资产可能仍需要重置。 b. 为了提高生产力，公司可能在设备完全折旧之前就重置资产。 c. 固定资产使用价值会因折旧会计政策的变化和经营租赁的使用而被错误理解。 d. 折旧并不意味着用光，使用完全折旧但未报废的机械设备是很正常的。
股权投资	（1）收购子公司的股份或者对其他公司的相似投资是最常见的长期投资资金需求。 （2）20 世纪 80 年代的美国，并购融资非常普遍。

解读5 土地不折旧，无须重置。

解读6 投资和借款需求很快将会上升的指标之一是公司的固定资产使用率大于 60% 或 70%。

（三）负债和分红变化引起的需求

项目	内容
商业信用的减少和改变	应付账款是公司的无成本融资来源。应付账款还款期缩短，公司以应付账款获得的资金占用量减少，造成公司现金短缺，从而引起借款需求。
债务重构[解读7]	（1）短期债务重构为长期债务的情形：如果某公司的核心流动资产的增长主要依靠短期融资，且销售收入增长较快，这时就需要将短期债务重构为长期债务。 （2）替换债权人的原因。 ①对现在的银行不满意。 ②想要降低目前的融资利率。 ③想与更多的银行建立合作关系，增加公司的融资渠道。 ④为了规避债务协议的种种限制，想要归还现有的贷款。

解读7 商业银行对企业发生债务重构的情况下，为了解该业务需求的真实原因，银行通常需要与公司管理层进行相关讨论。

续 表

项目	内容
红利的发放	衡量发放红利[解读8]是否为合理借款需求的三个方面： （1）在公司申请借款时，银行要判断红利发放的必要性，如果公司的股息发放压力并不是很大，那么红利就不能成为合理的借款需求原因。 （2）通过经营现金流量分析来判断公司的营运现金流是否仍为正的，偿还债务、资本支出和预期红利发放是否存在资金缺口。 （3）对于定期支付红利的公司来说，银行要判断其红利支付率和发展趋势。如果公司持续盈利、获取现金能力以及未来的发展速度已经无法满足现在的红利支付水平，那么红利发放就不能成为合理的借款需求原因。

解读8公司的融资成本包括（不限于）红利和利息。

（四）其他变化引起的需求

（1）利润率下降。

（2）非预期性支出：保险之外的损失、法律诉讼费、与公司重组和员工解雇的相关费用。

典型真题

【单选题】一般情况下，固定资产重置的原因通常是企业的设备自然老化和(　　)。

A. 行业变化　　B. 技术更新

C. 产品更新　　D. 政策变化

【答案】B【解析】固定资产重置的原因通常是技术更新以及设备自然老化。

【单选题】在企业的财务分析中。资本回报率 ROE 可以分解为净利润率、总资产周转率、财务杠杆率三个组成因子，下列各项计算公式，表达正确的是(　　)。

A. 净利润率 = 净利润/销售成本 ×100%；总资产周转率 = 销售收入/总资产 ×100%；财务杠杆率 = 总资产/所有者权益 ×100%

B. 净利润率 = 净利润/销售收入 ×100%；总资产周转率 = 销售成本/总资产 ×100%；财务杠杆率 = 总负债/所有者权益 ×100%

C. 净利润率 = 净利润/销售收入 ×100%；总资产周转率 = 销售收入/总资产 ×100%；财务杠杆率 = 总资产/所有者权益 ×100%

D. 净利润率 = 净利润/销售收入 ×100%；总资产周转率 = 销售成本/总资产 ×100%；财务杠杆率 = 总资产/所有者权益 ×100%

【答案】C【解析】净利润率 = 净利润/销售收入 ×100%；总资产周转率 = 销售收入/总资产 ×100%；财务杠杆率 = 总资产/所有者权益 ×100% = 1 + 总负债/所有者权益。

第二节　借款需求的一般测算及其与负债结构的关系

一、借款需求的一般测算（掌握）

真考解读 属于常考点，一般会考1道题。

项目	内容
流动资金融资需求的测算	（1）估算借款人营运资金量。 营运资金量＝上年度销售收入×（1－上年度销售利润率）×（1＋预计销售收入年增长率）/营运资金周转次数 营运资金周转次数＝360/（存货周转天数＋应收账款周转天数－应付账款周转天数＋预付账款周转天数－预收账款周转天数） 周转天数＝360/周转次数 应收账款周转次数＝销售收入/平均应收账款余额 预收账款周转次数＝销售收入/平均预收账款余额 存货周转次数＝销售成本/平均存货余额 预付账款周转次数＝销售成本/平均预付账款余额 应付账款周转次数＝销售成本/平均应付账款余额 （2）估算新增流动资金贷款额度。 新增流动资金贷款额度＝营运资金量－借款人自有资金－现有流动资金贷款－其他渠道提供的营运资金 （3）其他因素。 ①合理预测借款人应收账款、存货和应付账款的周转天数，并可考虑一定的保险系数。 ②对集团关联客户，可采用合并报表估算流动资金贷款额度。 ③对小企业融资、订单融资、预付租金或者临时大额债项融资等情况，根据实际交易需求确定流动资金额度。 ④对季节性生产借款人，按每年的连续生产时段估算流动资金需求，贷款期限根据回款周期合理确定。
固定资产融资需求的测算	（1）项目总投资。 ①固定资产投资。 a. 工程费用：按照用途划分，可分为设备购置费、建筑工程费、安装工程费。 b. 其他费用：递延资产和无形资产。 c. 预备费用：基本预备费和涨价预备费。 ②铺底流动资金：估算方法包括扩大指标法和分类详细估算法。 ③利息计算。 a. 当年借款按年中支用考虑，计算半年利息。

续 表

项目	内容
固定资产融资需求的测算	b. 当年还款按年末偿还考虑，计算全年利息。 （2）自有资金。 ①资本金。 《国务院关于调整和完善固定资产投资项目资本金制度的通知》（国发〔2015〕51 号）和《国务院关于加强固定资产投资项目资本金管理的通知》（国发〔2019〕26 号）规定各行业固定资产投资项目的最低资本金比例如下。 a. 城市和交通基础设施项目：城市轨道交通项目为 20%，港口、沿海及内河航运、机场项目为 25%，铁路、公路项目为 20%；公路（含政府收费公路）、铁路、城建、物流、生态环保、社会民生等领域的补短板基础设施项目，在投资回报机制明确、收益可靠、风险可控的前提下，可以适当降低项目最低资本金比例，但下调不得超过 5 个百分点。 b. 房地产开发项目：保障性住房和普通商品住房项目为 20%，其他项目为 25%。 c. 产能过剩行业项目：钢铁、电解铝项目为 40%，水泥项目为 35%，煤炭、电石、铁合金、烧碱、焦炭、黄磷、多晶硅项目为 30%。 d. 其他工业项目：玉米深加工项目为 20%，化肥（钾肥除外）项目为 25%。 e. 电力等其他项目为 20%。 ②资本溢价：如汇兑率折算差额等。

典型真题

【单选题】保障性住房项目固定资产投资的最低资本金比例为(　　)。

A. 20%　　B. 30%　　C. 35%　　D. 40%

【答案】A【解析】保障性住房和普通商品住房项目的最低资金比例为 20%。

真考解读 属于必考点，一般会考 2 道题。

二、借款需求与负债结构的关系（重点掌握）

项目	内容
季节性销售模式	季节性融资一般是短期的，通常在一年以内。
销售增长旺盛期	由于对核心资产的大量投资，营运现金流在短期内是不足以完全偿还外部融资的。因此，对于这部分融资需求，表面上看是一种短期融资需求[解读]，实际上则是一种长期融资。
资产使用效率下降	应收账款和存货周转率的下降可能会是长期融资和短期融资需求的借款原因。

解读 基本信贷准则：短期资金需求通过短期融资来实现，长期资金需求通过长期融资来实现。

续 表

项目	内容
长期投资	银行谨慎受理，防止信用风险暴露。
固定资产重置或扩张	银行应根据企业借款需求和未来现金偿付能力放贷，属于长期性融资。
商业信用的减少和改变	分析应收账款周转率、存货周转率的变化，判断这种变化属于长期还是短期。
债务重构	分析借款公司的融资结构状况及偿债能力，判断重构债务属于长期还是短期。
盈利能力不足	银行应谨慎放贷。
额外或非预期支出	分析公司未来的现金积累能力和偿债能力判断其融资期限。

典型真题

【单选题】商业银行对企业季节性销售模式下的季节性融资期限通常在(　　)年以内。

A. 0.5　　B. 2　　C. 1.5　　D. 1

【答案】D【解析】季节性融资一般是短期的，通常在一年以内。

【多选题】下列经营行为中，可能对长期融资需求产生影响的有(　　)。

A. 投资新技改项目　　B. 债务重构

C. 季节性销售增加　　D. 短期商业信用增加

E. 持续销售增长

【答案】BCDE【解析】实际中，一些与流动资产和营运资金有关的融资需求也可能与长期融资需求相关。①季节性销售模式；②销售增长旺盛时期；③资产使用效率下降；④长期投资；⑤固定资产重置或扩张；⑥商业信用的减少和改变；⑦债务重构；⑧盈利能力不足；⑨额外的或非预期性支出。

章节练习

一、单选题（以下各小题所给出的四个选项中，只有一项符合题目要求，请选择相应选项，不选、错选均不得分）

1. 商业银行对企业发生债务重构的情况下，为了解该业务需求的真实原因，银行通常需要与企业的(　　)进行相关讨论。

A. 监事会　　B. 员工　　C. 管理层　　D. 职工代表大会

2. B公司去年销售收入为4亿元、销售利润率为20%，预计今年销售收入将增长10%，营运资金周转次数为2，则B公司的营运资金量为(　　)亿元。

A. 2.64　　B. 1.76　　C. 1.44　　D. 2.16

3. 下列不属于借款需求主要影响因素的是(　　)。

A. 额外的或非预期性支出　　B. 资产使用效率下降

C. 固定资产重置及扩张　　D. 股权结构变动

4. 下列决定公司持续增长率的四个变量中,(　　)越高越好。

A. 红利支付率和财务杠杆　　B. 红利支付率和资产效率

C. 利润率和资产效率　　D. 利润率和红利支付率

5. 由于对核心资产的大量投资,营运现金流在短期内是不足以完全偿还外部融资的。对于这部分融资需求,实际是一种(　　)。

A. 非预期性支出　　B. 季节性融资需求

C. 短期融资需求　　D. 长期融资需求

二、多选题(以下各小题所给出的五个选项中,有两项或两项以上符合题目的要求,请选择相应选项,多选、少选、错选均不得分)

1. 下列选项中,可能导致企业借款需求增加的有(　　)。

A. 利润率由正转负　　B. 季节性销售增长

C. 资产效率的提高　　D. 固定资产扩张

E. 商业信用减少

2. 借款人终止同现有合作银行的债权债务关系的原因可能有(　　)。

A. 为了规避债务协议的种种限制,想要归还现有的贷款

B. 股东注资或借款给借款人

C. 集团内财务公司借款

D. 对现在的银行不满意

E. 想要降低目前的融资利率

3. 生产企业季节性资产增加的主要融资渠道有(　　)。

A. 季节性商业负债增加　　B. 内部融资

C. 增加固定资产　　D. 长期销售增长

E. 银行贷款

三、判断题(请对以下各项描述作出判断,正确的为A,错误的为B)

1. 借款需求的原因可能是由长期性资本支出以及季节性存货和应收账款增加等导致的现金短缺。(　　)

A. 正确　　B. 错误

2. 源于长期销售增长的核心流动资产增长,必须由长期融资来实现。(　　)

A. 正确　　B. 错误

答案详解

一、单选题

1. C【解析】为了了解业务需求的真正原因,银行通常需要与公司管理层进行相关讨论。

2. B【解析】营运资金量=上年度销售收入×(1-上年度销售利润率)×(1+预计销售收入年增长率)/营运资金周转次数=4×(1-20%)×(1+10%)÷2=1.76(亿元)。

3. D【解析】借款需求的主要影响因素：①季节性销售模式；②销售增长旺盛时期；③资产使用效率下降；④长期投资；⑤固定资产重置或扩张；⑥商业信用的减少和改变；⑦债务重构；⑧盈利能力不足；⑨额外的或非预期性支出。

4. C【解析】一个公司的可持续增长率取决于以下变量：①利润率：利润率越高，销售增长越快；②留存利润：用于分红的利润越少，销售增长越快；③资产使用效率：效率越高，销售增长越快；④财务杠杆：财务杠杆越高，销售增长越快。

5. D【解析】由于对核心资产的大量投资，营运现金流在短期内是不足以完全偿还外部融资的。因此，对于这部分融资需求，表面上看是一种短期融资需求，实际上则是一种长期融资。

二、多选题

1. ABDE【解析】借款需求的主要影响因素包括季节性销售增长、长期销售增长、资产效率下降、固定资产重置及扩张、长期投资、商业信用的减少及改变、债务重构、利润率下降、红利支付、一次性或非期望性支出等。

2. ADE【解析】在某些情况下，公司可能仅仅想用一个债权人取代另一个债权人，原因可能有以下几方面：①对现在的银行不满意；②想要降低目前的融资利率；③想与更多的银行建立合作关系，增加公司的融资渠道；④为了规避债务协议的种种限制，想要归还现有的贷款。

3. ABE【解析】季节性资产增加的主要融资渠道：①季节性商业负债增加：应付账款和应计费用；②内部融资，来自公司内部的现金和有价证券；③银行贷款。

三、判断题

1. A【解析】借款需求的原因可能是由长期性资本支出以及季节性存货和应收账款增加等导致的现金短缺。

2. A【解析】源自长期销售增长的核心流动资产增长必须由长期融资来实现，具体包括核心流动负债的增长或营运资本投资的增加。

第四章　贷款环境风险分析

应试分析

本章内容比较简单，主要介绍贷款的行业风险和区域风险。本章在考试中涉及的分值约为7分。无论是行业风险还是区域风险都从外部、内部因素进行分析，考生在学习该部分内容时亦可从这两个方面寻找突破口。

思维导图

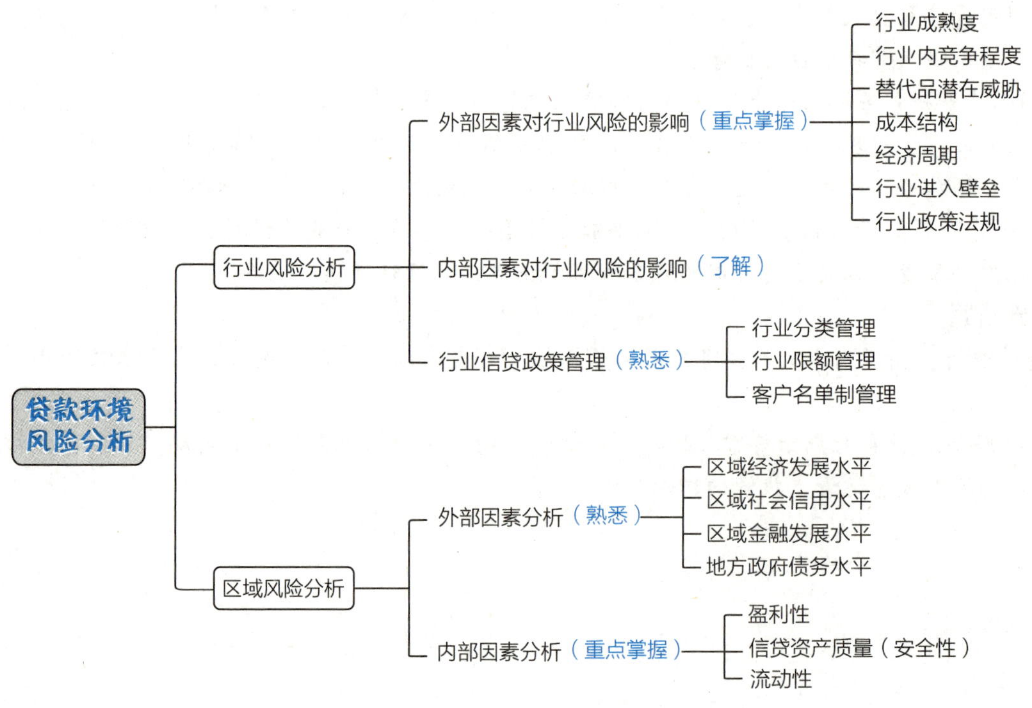

微信扫码关注
畅享在线做题

微信扫码关注
获取免费直播课

知识精讲

第一节 行业风险分析

一、外部因素对行业风险的影响（重点掌握）

<table>
<tr><th>项目</th><th>内容</th></tr>
<tr><td>行业成熟度</td><td>
<table>
<tr><th>阶段</th><th>行业销售</th><th>行业利润</th><th>行业现金流</th><th>行业风险</th></tr>
<tr><td>启动阶段[解读1]（初级阶段）</td><td>价格比较高，销售量很小</td><td>利润为负值</td><td rowspan="2">现金流为负值</td><td>风险最高</td></tr>
<tr><td>成长阶段</td><td>价格下降、质量上升、销售量提高</td><td>利润为正值</td><td>中等风险，机会最大</td></tr>
<tr><td>成熟阶段[解读2]</td><td>价格继续下跌、销售额增度放缓、产品细分市场且推广成为影响销售的最主要因素</td><td>利润达到最大化</td><td>现金流变为正值</td><td>风险最低</td></tr>
<tr><td>衰退阶段[解读3]</td><td>销售额下降</td><td>逐步由正转负</td><td>由正值逐渐减小</td><td>较高风险</td></tr>
</table>
</td></tr>
<tr><td>行业内竞争程度</td><td>最主要和最普遍的影响因素包括行业分散和行业集中；经营杠杆；产品差异；市场成长速度；退出市场的成本；动荡期等特殊时期及市场饱和度；经济周期。</td></tr>
<tr><td>替代品潜在威胁</td><td>（1）替代品指的是来自其他行业或者海外市场的产品。
（2）替代品或服务的“品牌转换成本”与该行业的利润及风险成反比。</td></tr>
<tr><td>成本结构</td><td>成本结构指某一行业内企业的固定成本和可变成本（也称变动成本）之间的比例。
（1）固定成本：固定资产的折旧、企业日常开支（水、电等）、利息、租赁费用、管理人员工资等花费。
（2）变动成本：原材料、生产过程中的费用、广告及推广的费用、销售费用、人工成本（生产过程产生的）等。</td></tr>
</table>

真考解读 属于必考点，一般会考2道题。

解读1 启动阶段的资金应当主要来自企业所有者或者风险投资者，而非商业银行。

解读2 成熟阶段的产品和服务标准化，新产品出现非常缓慢，同行竞争者可能会转行。

解读3 衰退阶段现金流维持在正值的时间跨度长于利润的时间跨度。

解读4 与盈亏平衡点不同，盈亏平衡点销售量是指总销售额中扣除企业变动成本，与企业固定资本总额相等的销售量。

解读5 经济周期中的顶峰阶段会出现更多的不良贷款。

续 表

项目	内容
成本结构	（3）经营杠杆：经营杠杆是营业利润相对于销售量变化敏感度的指示剂。经营杠杆越大，销售量对营业利润的影响就越大。 （4）盈亏平衡点[解读4]：指企业销售收入与成本费用相等的销售量。
经济周期	（1）顶峰[解读5]：经济活动和产出的最高点（经济由盛转衰的转折点）。 （2）衰退：经济活动和产出放缓甚至变为负值。 （3）谷底：经济活动的最低点。 （4）复苏：经济活动重新开始增长。 （5）扩张：经济活动和产量超过之前的顶峰。
行业进入壁垒	具有保护行业内现有企业的作用，也是潜在竞争者进入市场时必须首先克服的困难。
行业政策法规	企业受政策法规的影响越大，风险越大。

典型真题

【单选题】行业发展的四个阶段分别为初级阶段、成长阶段、成熟阶段和衰退阶段。其中成熟阶段的行业销售特点是(　　)。

A. 产品价格下降的同时产品质量却取得了明显提高，销售大幅增长

B. 通常以较为平稳的速度下降，但在一些特殊行业中有可能出现快速下降

C. 产品价格继续下跌，销售额增长速度开始放缓

D. 由于价格比较高，销售量很小

【答案】C【解析】成熟阶段的行业销售特点是价格继续下跌、销售额增度放缓、产品细分市场且推广成为影响销售的最主要因素。

【多选题】下列成本费用中属于公司固定成本的有(　　)。

A. 折旧　　B. 原材料　　C. 管理人员工资

D. 租赁费用　　E. 利息

【答案】ACDE【解析】固定成本包括固定资产的折旧、企业日常开支（水、电等）、利息、租赁费用、管理人员工资等花费。

真考解读 较少考查，考生了解即可。

二、内部因素对行业风险的影响（了解）

主要指标有行业不良率（及逾期率）、行业不良贷款变化率、行业不良贷款生成率、行业风险资产比例（关注类与不良合计/资产总额）、行业到期贷款现金回收率、行业不良贷款剪刀差等。

三、行业信贷政策管理（熟悉）

真考解读 考查相对较少，考生熟悉即可。

项目	内容
行业分类管理	银行根据国家宏观调控和产业行业政策导向、行业发展趋势、贷款集中度、贷款质量等，把信贷介入行业划分为不同类别，并将不同类别对应不同的行业整体贷款增长指标、贷款定价策略、产品策略等进行管理。
行业限额管理	目的是确保银行信贷投放体现本行信贷业务发展战略、行业景气周期及适应国民经济运行，实现行业信贷组合优化和收益最大化，避免行业过度集中而产生系统性风险。
客户名单制管理	客户名单制管理指银行根据自身行业信贷政策，制定行业内信贷客户分类标准并根据客户名单实施分类、实施差异化管理的过程。

第二节　区域风险分析

一、外部因素分析（熟悉）

真考解读 考查相对较少，考生熟悉即可。

项目	内容
区域经济发展水平	评价区域经济发展水平指标：地区生产总值（GRDP）（或地区人均 GRDP 水平）、地区 GRDP 增长率、地方财政收入（或可支配财力）、进出口贸易总量、实际利用外资总额、固定资产投资总量、人均社会零售商品总额、第三产业经济增加值[解读1]占比。
区域社会信用水平	评价区域社会信用水平指标：区域不良贷款率及其变化、银行诉讼债权回收率及其他指标（包括区域企业的欠税情况、政府性债务拖欠情况、商务合同违约情况及企业逃废债情况）。
区域金融发展水平	评价区域金融发展水平指标：地区存（贷）款总量及增长率、地区存贷比水平、地区社会融资规模及地区直接融资占比。
地方政府债务水平	评价地方政府债务水平指标：地方政府负债率及地方政府债务率。

解读1 第三产业经济增加值占比与经济增长质量成正比。

二、内部因素分析（重点掌握）

真考解读 属于必考点，一般会考1道题。

项目	内容
盈利性	主要通过净息差、经济资本回报率（*RAROC*）和经济增加值（*EVA*）来衡量，是抵御风险的重要保证。

续 表

项目	内容
信贷资产质量（安全性）	信贷资产质量是对信贷风险状况的直接反映，是衡量内部风险最重要的指标。 （1）信贷资产相对不良率[解读2]：指标大于1时，目标区域信贷风险高于银行一般水平。 （2）不良率变幅。 ①指标为负，资产质量上升，区域风险下降。 ②指标为正，资产质量下降，区域风险上升。 （3）信贷余额扩张系数（衡量扩张风险）[解读3]。 ①指标小于0时，目标区域信贷增长相对较慢，负数较大则意味着信贷处于萎缩状态。 ②指标过大则说明区域信贷增长速度过快。 （4）不良贷款生成率。 （5）利息实收率。 （6）不良贷款：静态反映了目标区域信贷资产整体质量，该指标与区域风险成正比。 （7）不良贷款剪刀差。 （8）到期贷款现金回收率。
流动性	过高或过低的流动性都意味着区域风险的上升。

解读2 用于评价目标区域信贷资产的质量水平在银行系统中所处的相对位置，通过系统内比较，反映出目标区域风险状况，该指标值越高，区域风险越高。

解读3 扩张系数过大或过小都可能导致风险上升。

典型真题

【单选题】（　　）指标用于评价目标区域信贷资产的质量水平在银行系统中所处的相对位置，通过系统内比较，反映出目标区域风险状况，该指标值越高，区域风险越高。

A. 信贷资产相对不良率　　B. 不良率变幅

C. 信贷余额扩张系统　　D. 不良贷款生成率

【答案】 A **【解析】** 信贷资产相对不良率指标用于评价目标区域信贷资产的质量水平在银行系统中所处的相对位置，通过系统内比较，反映出目标区域风险状况，该指标值越高，区域风险越高。

章节练习

一、单选题（以下各小题所给出的四个选项中，只有一项符合题目要求，请选择相应选项，不选、错选均不得分）

1. 目前我国家电行业产品成熟，产品差异化很小，产品质量与技术提升的空间都非常有限，由于产品的同质化使得消费者可选择的空间扩大，从而导致各家电厂家竞争激烈，大打“价格战”。根据行业成熟度四阶段模型判断，该行业处于(　　)。

A. 启动阶段　　B. 成长阶段

C. 成熟阶段　　D. 衰退阶段

2. 公司的成本结构指(　　)。

A. 固定成本与营业收入之比　　B. 固定成本与可变成本之差

C. 固定成本与可变成本之比　　D. 固定成本与可变成本之和

3. 资产、销售等处于行业中游的某企业产品的销售价格为 25 元，单位变动成本为 10 元，固定成本总额为 7500 万元。不考虑其他因素时，该企业的盈亏平衡点销售量为(　　)万件。

A. 229　　B. 334　　C. 500　　D. 634

4. 以下不属于启动阶段行业特点的是(　　)。

A. 企业管理者缺乏行业经验

B. 发展迅速，年增长率可达到 100% 以上

C. 利润和现金流都为正值

D. 销售量很小，价格高昂

5. 不良率变幅是用于评价目标区域信贷资产质量的变化情况，反映信贷资产质量和区域风险变化趋势的重要指标。指标为负，表明(　　)。

A. 资产质量下降，区域风险下降　　B. 资产质量下降，区域风险上升

C. 资产质量上升，区域风险下降　　D. 资产质量上升，区域风险上升

二、多选题（以下各小题所给出的五个选项中，有两项或两项以上符合题目的要求，请选择相应选项，多选、少选、错选均不得分）

1. 下列不属于行业成熟阶段的市场特点的有(　　)。

A. 很多企业为了生存发动“价格战争”，采取大幅打折的策略

B. 由于销售持续上升加上成本控制，利润达到最大化

C. 现金流先是正值，然后慢慢减小

D. 销售大幅提高、规模经济的效应和生产效率提高，利润转变成正值

E. 销售快速增长，现金需求增加

2. 工业企业的变动成本一般包括(　　)。

A. 销售费用　　B. 生产过程中的费用

C. 管理人员工资　　D. 原材料

E. 直接人工成本

3. 处于启动阶段的行业，在销售、利润和现金流方面的特征有(　　)。

A. 销售：由于价格比较高，销售量很小

B. 利润：由于销售量很低而成本相对很高，利润为负

C. 销售：由于价格比较高，销售量很大

D. 利润：由于销售量很高而成本相对很低，利润为正

E. 现金流为负

三、判断题（请对以下各项描述作出判断，正确的为 A，错误的为 B）

1. 经营杠杆是营业利润相对于销售量变化敏感度的指示剂。经营杠杆越小，销售量对营业利润的影响就越小。（　　）

A. 正确　　B. 错误

2. 通常，处于成长阶段行业中的企业现金流入应该大于流出。（　　）

A. 正确　　B. 错误

答案详解

一、单选题

1. C【解析】处于成熟阶段的行业增长较为稳定，成熟期的产品和服务已经非常标准化，行业中的价格竞争非常激烈，新产品的出现速度也非常缓慢。题干中描述的特征符合四阶段模型中成熟阶段的特征。

2. C【解析】成本结构指某一行业内企业的固定成本和可变成本之间的比例。

3. C【解析】盈亏平衡点是某一企业销售收入与成本费用相等的销售量。盈亏平衡点销售量是指总销售额中扣除企业变动成本，与企业固定资本总额相等的销售量。假设该企业盈亏平衡点销售量为 x，则有 $25x-10x=75000000$，解得 $x=5000000$，即 500 万件。

4. C【解析】选项 C 应该是利润和现金流都为负值。

5. C【解析】指标为负，说明资产质量上升，区域风险下降；指标为正，说明资产质量下降，区域风险上升。

二、多选题

1. ACDE【解析】选项 C 属于衰退阶段的特点；选项 A、选项 D、选项 E 属于成长阶段的特点。

2. ABDE【解析】变动成本一般包括原材料、生产过程中的费用、广告及推广的费用、销售费用、人工成本（生产过程产生的）等。

3. ABE【解析】启动阶段行业的销售、利润和现金流有以下特点：①在销售方面，由于价格比较高，销售量很小；②在利润方面，因为销售量低而成本相对很高，利润为负值；③在现金流方面，低销售、高投资和快速的资本成长需求造成现金流也为负值。

三、判断题

1. A【解析】经营杠杆是营业利润相对于销售量变化敏感度的指示剂。经营杠杆越大，销售量对营业利润的影响就越大。

2. B【解析】处于成长阶段行业中的企业，销售快速增长，现金需求增加，所以这一阶段的现金流仍然为负值。

第五章　客户分析与信用评级

应试分析

本章属于重点章节，主要介绍客户品质分析、客户财务分析及客户信用评级。本章在考试中涉及的分值约为 18 分。本章考查重点在于第二节，考生应重点掌握客户财务分析概述、资产负债表分析及财务报表综合分析。应熟练掌握并灵活运用书中的公式。在学习该部分内容时可将重点内容归类、对比学习，对于重难点应反复推敲，通过练习来巩固所学知识。

思维导图

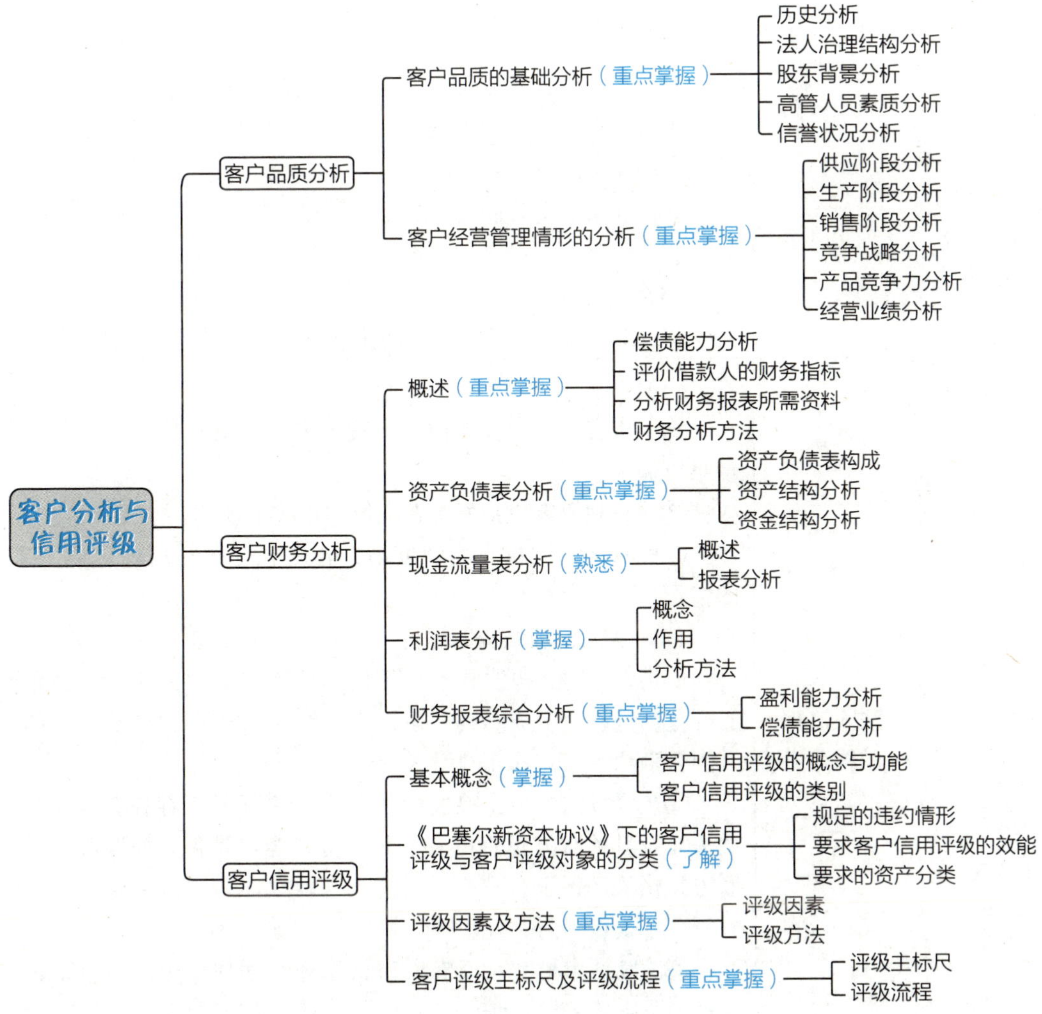

知识精讲

第一节　客户品质分析

真考解读 属于必考点。一般会考2道题。

一、客户品质的基础分析（重点掌握）

项目	内容
历史分析	（1）成立动机。 客户的组建基于以下几个方面的动机。 ①人力资源；②技术资源；③客户资源；④行业利润率或发展前景；⑤产品分工；⑥产销分工。 （2）经营范围。 对于客户经营范围及变化需要重点关注以下内容。 ①关注客户经营业务是否超出登记注册范围、是否取得经营特种业务的经营许可证。 ②特别关注主营业务的演变。解读1 ③关注客户业务之间是否存在关联性。 （3）名称变更。 （4）以往重组情况：重组包括重整、改组和合并三种基本形式。
法人治理结构分析	（1）法人治理结构的关注点。 ①上市客户：股权结构不合理；内部控制；信息披露的实际质量难以保证。 ②国有独资客户：所有者缺位；行政干预。 ③民营客户：权力集中度高，若出现变故易出现“群龙无首”的情形。 （2）法人治理结构的评价。 信贷人员对客户法人治理结构的评价要着重关注控股股东行为的规范，董事会组成结构、运作方式和决策规则，以及对内部控制人的激励约束等几方面的因素。 ①控股股东行为：控股股东和客户之间是否存在关联交易；控股股东及其关联方是否占有客户资金；客户是否为控股股东及其关联方提供连环保证；股东之间是相互独立还是利益关系人，或最终的所有者是否为同一人。 ②激励约束机制：董事长和总经理是如何产生的；董事长、总经理和监事之间是否兼任，是否兼任子公司或关联公司的关键职位；董事长和总经理的薪酬结构和形式；决策的程序和方式，董事长、总经理和监事之间是如何相互制衡的。

解读1 对于频繁改变经营业务的客户应当警觉。

续 表

项目	内容
法人治理结构分析	③董事会结构和运作过程：董事会的结构，独立董事是如何产生的，是否具有独立性和必备的专业知识；董事会是否随时有权质询决策执行情况及采取的形式；董事会的业绩评价制度和方式。
股东背景分析	需要引起关注的股东背景包括家庭背景、外资背景、政府背景、上市背景。
高管人员素质分析	对高管人员素质评价包括教育背景、商业经验、修养品德、经营作风、进取精神。
信誉状况分析	对借款人信誉状况的分析：①查看客户过去有无拖欠银行贷款等事项；②分析客户的对外资信情况；③分析客户的高管层和股东。

典型真题

【单选题】一个企业有六年的历史，其中前两年主要生产白酒，中间两年从事农副产品加工，后两年从事对外贸易，且股权发生完全变更。银行分析该客户的品质时，(　　)。

A. 因主营业务和股权变更较大，应给予大力支持

B. 由于贸易行业利润丰厚，应当给予适当支持

C. 因主营业务和股权变更较大，应保持足够警觉

D. 由于该企业敢于创新突破，应给予大力支持

【答案】C **【解析】**在分析贷款客户的品质时，要注意客户经营范围特别是主营业务的演变，对于频繁改变经营业务的客户应当警觉。

【多选题】在客户法人治理结构评价中，对客户控股股东行为评价需考虑的关键因素有(　　)。

A. 控股股东与其他股东间是否存在关联交易

B. 控股股东及其客户是否占有其他客户资源

C. 控股股东是否为客户及其关联方提供连环担保

D. 股东之间是相互独立还是利益关系人

E. 最终的所有者是否为同一人

【答案】DE **【解析】**在客户法人治理结构评价中，对控股股东行为分析主要考虑以下几个关键要素：控股股东与客户之间是否存在关联交易；控股股东及其关联方是否占有客户资金；客户是否为控股股东及其关联方提供连环担保；股东之间是相互独立还是利益关系人，或最终的所有者为同一人。

真考解读 属于必考点，一般会考1道题。

解读2 供应阶段的核心是进货。

解读3 主营业务指标通常指主营业务收入占销售收入总额的比重，比重较大说明客户主营业务突出，经营方向明确；反之，则说明客户主营业务不够突出，经营方向不够明确。

二、客户经营管理情形的分析（重点掌握）

项目	内容
供应阶段[解读2]分析	（1）货品质量。 （2）货品价格。 （3）供货稳定性。 （4）进货渠道：从有无中间环节、供货地区的远近、运输方式的选择、进货资质的取得四个方面进行考虑。 （5）付款条件：由市场供求和商业信用两个主要因素决定。 ①卖方市场：供货商大多要求预付货款或现货交易。 ②买方市场：供货商可接受银行承兑汇票甚至商业承兑汇票。
生产阶段分析	生产阶段分析包括技术水平（核心竞争力）、设备状况和环保情况分析。
销售阶段分析	（1）目标客户。 （2）销售渠道。 （3）收款条件。 ①决定因素：市场供求、厂商品牌。 ②主要内容：预收货款、现货交易、赊账销售。
竞争战略分析	（1）波特五力模型。 从行业竞争状况、供应商议价能力、客户议价能力、替代产品或服务的威胁、潜在竞争者进入的威胁五个方面来描述行业竞争态势。 （2）竞争战略。 ①成本领先战略：低成本、低价格获得竞争优势。 ②差异化战略：通过技术、设计、创新等手段提供特色服务抢占市场份额。 ③集中化战略：主攻细分市场并巩固优势。
产品竞争力分析	（1）自身性价比（主要因素）：性能先进、质量稳定、售价合理的产品竞争力更强。 （2）不断进行产品创新。新产品、专利产品在销售中所占比例、开发下一代新产品所需时间、能否在竞争对手之前推出新产品等是企业产品创新能力的重要指标。
经营业绩分析	经营业绩分析包括经营业绩指标、市场占有率指标、主营业务指标[解读3]。

典型真题

【单选题】商业银行对借款人生产阶段进行分析时，(　　)是借款人核心竞争力的主要内容。

A. 人员素质　　B. 环保情况　　C. 负债水平　　D. 技术水平

【答案】D**【解析】**技术水平是其核心竞争力的主要内容。

【多选题】客户经营管理状况分析包括(　　)。

A. 生产阶段分析　　B. 销售阶段分析

C. 产品竞争力和经营业绩分析　　D. 竞争战略分析

E. 供应阶段分析

【答案】ABCDE**【解析】**信贷人员可以从客户的生产流程入手，通过供、产、销三个方面分析客户经营状况，也可以通过客户竞争战略、产品竞争力及经营业绩指标进行分析。

第二节　客户财务分析

一、概述（重点掌握）

真考解读 属于必考点，一般会考2道题。

项目	内容
偿债能力分析	（1）盈利能力：盈利能力与偿债风险呈反比关系。 （2）营运能力：指通过借款人经营中各项资产周转速度所反映出来的借款人资产运用效率。 （3）资金结构：指借款人全部资金来源中负债和所有者权益所占的比重和相互间的比例关系。
评价借款人的财务指标	（1）盈利能力指标：主要包括净利润率、资产收益率、成本费用利润率、销售利润率、营业利润率、净资产收益率等。 （2）营运能力指标：主要包括总资产周转率、存货周转率，固定资产周转率、总资产周转天数、固定资产周转天数、应收账款周转天数、应收账款周转率、存货周转天数等。 （3）偿债能力指标：主要包括资产负债率、负债与有形净资产比率、负债与所有者权益比率、利息保障倍数、流动比率和速动比率等。
分析财务报表所需资料	（1）会计报表：如资产负债表、利润表、现金流量表及其有关附表。 （2）会计报表附注和财务状况说明书。 ①财务报表附注主要说明借款人所采用的会计处理方法；会计处理方法的变更情况、变更原因以及对财务状况和经营成果的影响。

续 表

项目	内容
分析财务报表所需资料	②财务状况说明书主要说明借款人的生产经营情况、利润实现和分配状况、资金增减和周转情况及其他对财务状况发生重大影响的事项。 （3）注册会计师查账验证报告：不能保证财务报告没有错误或遗漏。 （4）其他资料：如证券交易所、行业协会、投资咨询机构提供的相关资料。
财务分析方法	（1）比较分析法。 ①横向比较分析：比较同期财务指标。 ②纵向比较分析（趋势分析）：比较本企业往期财务指标。 ③不同财务指标比较分析。 a. 总量比较：简单直接，意义有限。 b. 结构比较：既可以对单个客户的相关指标进行分析，也可以将不能直接进行比较的绝对数转化成相对数进行财务状况比较。 c. 比率比较：较常用的方法之一。 （2）因素分析法。 ①意义：定量测算不同驱动因素对财务指标的影响程度。 ②实施步骤：确定财务指标→计算该指标实际值与计划值（或上期值）的差额→将该指标分解成若干驱动因素→建立财务指标与驱动因素之间的数学关系→确定驱动因素的顺序→根据顺序依次将驱动因素的计划值（或上期值）替换成实际值→计算财务指标数值→确定影响程度。

典型真题

【单选题】总资产周转率和存货周转天数均属于(　　)。

A. 营运能力指标　　B. 偿债能力指标

C. 杠杆能力指标　　D. 盈利能力指标

【答案】A**【解析】**营运能力指标主要包括总资产周转率、存货周转率，固定资产周转率、总资产周转天数、固定资产周转天数、应收账款周转天数、应收账款周转率、存货周转天数等。

【多选题】对企业进行财务分析的方法包括(　　)。

A. 结构分析法　B. 比率分析法　C. 趋势分析法

D. 比较分析法　E. 因素分析法

【答案】DE**【解析】**总体来看，财务分析方法可分为比较分析法和因素分析法。

二、资产负债表分析（重点掌握）

真考解读 属于必考点，一般会考2道题。

项目	内容
资产负债表构成	（1）资产。 ①流动资产：货币资金、预付账款、应收账款、交易性金融资产、应收票据、存货和其他应收账款等项目。 ②非流动资产：长期股权投资、固定资产、无形资产、商誉、长期待摊费用、递延所得税资产和其他非流动性资产等。 （2）负债。 ①流动负债：短期借款、应交税费、预收账款、应付工资、应付利润、应付票据、应付账款、其他应付款等。 ②长期负债[解读1]：应付债券、长期借款、长期应付款等。 （3）所有者权益的组成。 ①投资者投入的资本金（实收资本或股本）。 ②生产经营过程中形成的资本公积金、盈余公积金和未分配利润。 a.资本公积金包括股本溢价、法定财产重估和接受捐赠的资产价值等。 b.盈余公积金包括法定盈余公积金和任意盈余公积金。 c.未分配利润是借款人留于以后年度分配的利润或待分配利润。 【提示】权益乘数＝资产总额/股东权益总额，即权益乘数＝1/(1－资产负债率)。
资产结构分析	由于借款人行业和资产转换周期的长短不同，所以其资产结构也不同。劳动力密集型行业的流动资产占比通常较高，资本密集型行业的流动资产占比通常较低。
资金结构分析[解读2]	（1）资金来源。 ①借入资金：流动负债和长期负债。 ②自有资金（所有者权益）。 客户的长期资金由所有者权益和长期负债构成。 （2）资金结构应与资产转换周期相适应。 （3）长期债务与权益资本结构的关系。 ①总资产利润率＞长期债务成本，加大长期债务可使企业获得财务杠杆收益，提高企业权益资本收益率。 ②总资产利润率＜长期债务成本，降低长期债务的比重可使企业减少财务杠杆损失，以维护所有者利益。 （4）分析要素：整体杠杆水平、期限错配程度、异常资金结构。

解读1 劳动密集型的行业，长期负债占比一般为0～10%。

解读2 最佳资金结构方案：企业对拟订的筹资总额提出多种筹资方案，分别计算各方案的综合成本并从中选择综合成本最低的方案。

典型真题

【单选题】对于一家劳动密集型的服务型企业，长期负债占总资产的比例为50%，下列表述正确的是(　　)。

A. 该企业长期负债占比处于行业内适中水平

B. 该企业长期负债占比处于行业内较低水平

C. 该企业流动性存在较大问题

D. 该企业长期负债占比处于行业内较高水平

【答案】D【解析】劳动密集型的行业，长期负债占比一般为0～10%。题干中描述为50%，所以明显处于较高水平。

【多选题】下列资产中，属于流动资产的项目有(　　)。

A. 存货　　B. 长期待摊费用　　C. 预收账款

D. 货币资金　　E. 应收票据

【答案】ADE【解析】长期待摊费用属于非流动资产，预收账款属于负债类科目。

真考解读 考查相对较少，考生熟悉即可。

三、现金流量表分析（熟悉）

（一）概述

项目	内容
现金[解读3]	企业库存现金及可以随时用于支付的存款。
现金等价物	企业持有的期限短、流动性强、易于转换为已知金额现金、价值变动风险很小的投资。
现金流量	（1）公式：现金净流量＝现金流入量－现金流出量 （2）现金与现金等价物之间的变动属于现金管理。

解读3 活期质押不属于现金。

（二）报表分析

项目	内容
计算公式	现金净流量＝经营活动的现金净流量＋投资活动的现金净流量＋筹资活动的现金净流量
具体构成	（1）经营活动的现金流量。 ①现金流入：利息与股息的现金收入、销货现金收入、增值税销项税款和出口退税、其他业务现金收入。 ②现金流出：购货现金支出、营业费用现金支出、支付利息、缴纳所得税和其他业务现金支出。 （2）投资活动的现金流量。 ①现金流入：出售不包括现金等价物的证券、出售固定资产、收回对外投资本金。

续 表

项目	内容
具体构成	②现金流出：购买有价证券、购置固定资产。 （3）筹资活动的现金流量。 ①现金流入：发行股票或债券、取得短期与长期贷款。 ②现金流出：偿还借款本金、分配现金股利。
计算方法	（1）经营活动的现金流量包括直接法（自上而下法）和间接法（自下而上法）。 ①直接法[解读4]。 经营活动的现金净流量 = 销售所得现金 − 购货所付现金 + 其他业务现金收入 − 管理费用现金支出 + 营业外现金收支净额 − 缴纳所得税 其中，销售所得现金 = 销售收入 − Δ 应收账款 购货所付现金 = 销售成本 − Δ 应付账款 + Δ 存货 管理费用现金支出应调整为：经营费用现金支出 = 经营费用 − 折旧 − 摊销 − Δ 应付费用 + Δ 预付费用 ②间接法。 经营活动的现金净流量（收付实现制） = 利润表中最末一项净收益 + 没有现金流出的费用 − 没有现金流入的收入 − 不属于经营活动的损益 + 应付科目增加值 − 应收科目增加值 （2）投资活动的现金流量 = 收回投资的现金 + 投资收益取得的现金 + 处置固定资产、无形资产和其他长期资产收回的现金 + 处置子公司及其他营业单位收到的现金 − 投资支付的现金 − 购置固定资产、无形资产和其他长期资产支付的现金 − 取得子公司及其他营业单位支付的现金 （3）筹资活动的现金流量 = 吸收投资收到的现金 + 取得借款收到的现金 + 收到其他与筹资活动有关的现金 − 偿还债务支付的现金 − 分配股利、利润或偿还利息支付的现金 − 支付其他与筹资活动有关的现金
分析的作用	（1）反映企业的发展战略、市场地位及偿债能力。 （2）有利于判断企业盈利质量，更好地掌握企业现金来源及用途，验证企业经营成果。

解读4《企业会计准则第31号——现金流量表》规定，企业应当采用直接法列示经营活动产生的现金流量。

四、利润表分析（掌握）

真考解读 属于常考点，一般会考1道题。

项目	内容
概念	利润表，又称损益表，通过列示借款人在一定时期内取得的收入，所发生的费用支出和所获得的利润来反映借款人一定时期内经营成果的报表。 利润表的编制原理：利润 = 收入 − 费用。
作用	（1）考核借款人经营计划的完成情况。 （2）预测借款人收入的发展变化趋势及其未来的盈利能力。

解读5结构分析法除了用于单个客户利润表相关项目的分析，还经常用于同行业平均水平比较分析。

续 表

项目	内容
分析方法	（1）结构分析法[解读5]：以产品销售收入净额为100%，计算产品销售成本、产品销售费用、产品销售利润等指标各占产品销售收入的百分比，计算出各指标所占百分比的增减变动，分析其对借款人利润总额的影响。 （2）结合资产负债表、现金流量表进行交叉分析。

典型真题

【单选题】利润表分析通常采用(　　)。

A. 趋势分析法　　B. 结构分析法

C. 比率分析法　　D. 比较分析法

【答案】B【解析】利润表分析通常采用结构分析法。即以产品销售收入净额为100%，计算产品销售成本、产品销售费用、产品销售利润等指标各占产品销售收入的百分比，计算出各指标所占百分比的增减变动，分析其对借款人利润总额的影响。

真考解读属于必考点，一般会考3道题。

五、财务报表综合分析（重点掌握）

（一）盈利能力分析

项目	内容
销售毛利率	销售毛利率＝销售毛利/销售收入净额×100% 销售毛利＝销售收入净额－销售成本
销售利润率	销售利润率＝利润总额/销售收入净额×100% 利润总额＝销售收入净额－销售成本－期间费用
净利润率	净利润率＝净利润/销售收入净额×100% 净利润＝利润总额－所得税
成本费用利润率	成本费用利润率＝利润总额/成本费用总额×100% 成本费用总额＝销售成本＋销售费用＋管理费用＋财务费用
资产收益率	资产收益率＝净利润/资产平均总额×100% 资产平均总额＝（期初资产总额＋期末资产总额）/2
净资产收益率	净资产收益率＝净利润/净资产平均额×100% 净资产平均额＝（期初净资产＋期末净资产）/2

典型真题

【单选题】某公司2020年利润总额为1580万元，销售成本为1200万元，销售费用为2390万元，管理费用为981万元，财务费用为1050万元。B公司的成本费用利润率为(　　)。

A. 35.74%　　B. 28.11%　　C. 44.01%　　D. 39.21%

【答案】B【解析】成本费用利润率是借款人利润总额与当期成本费用总额的比率。其计算公式为：成本费用利润率 = 利润总额/成本费用总额 ×100%，成本费用总额 = 销售成本 + 销售费用 + 管理费用 + 财务费用。因此成本费用利润率 = 1580 ÷ (1200 + 2390 + 981 + 1050) ×100% ≈28.11%。

【多选题】下列选项中，反映客户盈利能力的指标有(　　)。

A. 销售利润率　　B. 营业利润率　　C. 成本费用利润率

D. 净利润率　　E. 固定资产折旧率

【答案】ABCD【解析】反映借款人盈利能力的比率主要有销售利润率、营业利润率、税前利润率和净利润率、成本费用利润率、资产收益率、净资产收益率，这些统称为盈利比率。

（二）偿债能力分析

项目	内容
长期偿债能力分析	下面从财务杠杆比率[解读6]分析长期偿债能力。 （1）资产负债率。 资产负债率 = 负债总额/资产总额 ×100% （2）产权比率和权益乘数。 产权比率 = 负债总额/所有者权益 ×100% 权益乘数 = 资产总额/所有者权益 （3）负债与有形净资产比率。 ①负债与有形净资产比率 = 负债总额/有形净资产 ×100% ②有形净资产 = 所有者权益 - 无形资产 - 递延资产 （4）利息保障倍数。 ①利息保障倍数 =（利润总额 + 利息费用）/利息费用，其中利息费用一般包括流动负债利息费用、长期负债中进入损益的利息费用以及进入固定资产原价的利息费用、长期租赁费用等。 ②利息保障倍数不能低于1。 （5）长期资本负债率。 ①长期资本负债率 = 非流动负债/长期资本 ×100% ②长期资本 = 非流动负债 + 所有者权益 （6）现金流量利息保障倍数。 现金流量利息保障倍数 = 经营活动现金流量净额/利息费用 （7）现金债务总额比。 现金债务总额比 = 经营活动现金净流量/债务总额

解读6 财务杠杆比率就是主要通过比较资产、负债和所有者权益的关系来评价客户负债经营的能力，包括资产负债率、负债与所有者权益比率、负债与有形净资产比率、利息保障倍数等。

续 表

项目	内容
短期偿债能力分析	（1）概念：短期偿债能力[解读7]指客户以流动资产偿还短期债务的能力，它反映客户偿付日常到期债务的能力。 （2）流动比率[解读8]。 ①流动比率＝流动资产/流动负债×100% ②营运资本＝流动资产－流动负债 流动比率＝1/（1－营运资本/流动资产）×100% 其中，为了保持一定的偿债能力，营运资本必须保证是正值。正值时，说明该借款人是用长期资金（所有者权益、非流动负债）支持着部分流动资产；负值时，说明该借款人是用流动负债支持部分非流动资产。 （3）速动比率。 速动比率＝速动资产/流动负债×100% 速动资产＝流动资产－存货－预付账款－待摊费用 一般认为速动比率为1较为合适。若没有应收账款，允许保持低于1的速动比率，若应收账款较多，则速动比率应大于1。 （4）现金比率。 现金比率＝现金类资产/流动负债×100% 现金类资产＝速动资产－应收账款 （5）现金流量比率。 现金流量比率＝经营活动现金净流量/流动负债×100% 公式中的流动负债是期末余额而非平均额。现金流量比率可以反映企业用每年的经营活动现金流量偿付流动负债的能力。现金流量比率越高，说明企业承担短期债务的能力越强。
营运能力分析	（1）总资产周转率。 总资产周转率＝销售收入净额/资产平均总额×100% 资产平均总额＝（期初余额＋期末余额）/2 总资产周转天数＝计算期天数/总资产周转率 总资产周转率可以用来分析客户全部资产的使用效率。该比率越高，说明客户利用其全部资产进行经营的效率越高，客户的盈利能力越强。 （2）流动资产周转率。 流动资产周转率＝主营业务收入净额/流动资产平均净值×100% 流动资产平均净值＝（期初流动资产＋期末流动资产）/2 流动资产周转天数＝计算期天数/流动资产周转率 企业流动资产周转率越快，周转次数越多，表明企业以相同的流动资产占用实现的主营业务收入越多，说明企业流动资产的运用效率越高，进而使企业的偿债能力和盈利能力均得以增强。

解读7 短期偿债能力注重对流动资产变现能力的分析。

解读8 流动比率、速动比率和现金比率统称为偿债能力比率。流动比率不宜过高或过低。理论上，只要流动比率高于1，客户便具有偿还短期债务的能力。

续 表

<table>
<tr><th>项目</th><th>内容</th></tr>
<tr><td>营运能力分析</td><td>(3) 固定资产周转率。
固定资产周转率 = 销售收入净额/固定资产平均净值 × 100%
固定资产平均净值 = (年初固定资产净值 + 年末固定资产净值) /2
固定资产周转天数 = 计算期天数/固定资产周转率
需注意以下问题。
①固定资产的净值随折旧时间推移而减少，随着固定资产的更新改造而增加，这些都会影响固定资产周转率。
②在不同企业间进行比较时，还要考虑由于采用不同折旧方法对固定资产净值的影响。
③不同行业间作比较时，应考虑由于行业性质的不同造成的固定资产状况的不同。
(4) 应收账款周转率。
应收账款周转率 = 赊销收入净额/应收账款平均余额 × 100%
赊销收入净额 = 销售收入 - 现销收入 - 销售退回 - 销售折让 - 销售折扣
应收账款平均余额 = (期初应收账款余额 + 期末应收账款余额) /2
应收账款周转天数 = 计算期天数/应收账款周转次数 = 应收账款平均余额 × 计算期天数/赊销收入净额
需注意以下问题。
①在与其他企业比较时，在计算应收账款周转率时可采用销售收入净额。
②应收账款数额应包括资产负债表中的“应收账款”与“应收票据”等全部数额；但如果应收票据已向银行办理了贴现手续，这些应收票据就不应包括在应收账款平均余额之内。
③应收账款余额应是扣除坏账准备后的净额。
(5) 存货周转率。
存货周转率 = 销货成本/平均存货余额 × 100%
平均存货余额 = (期初存货余额 + 期末存货余额) /2
存货周转天数 = 计算期天数/存货周转次数 = 存货平均余额 × 计算期天数/销货成本
存货周转率越高，说明客户存货从资金投入到销售收回的时间越短。在营业利润率相同的情况下，存货周转率高，获取的利润就越多。一般而言，存货持有天数增多，或是说明客户存货采购过量，或是呆滞积压存货比重较大，或是存货采购价格上涨；而存货持有天</td></tr>
</table>

续 表

项目	内容
营运能力分析	数减少，说明客户可能耗用量或销量增加。但过快的、不正常的存货周转率，也可说明客户没有足够的存货可供耗用或销售，或是采购次数过于频繁，批量太小等。 （6）营运资本周转率。 营运资本周转率 = 销售收入净额/营运资本平均余额 ×100% 营运资本平均余额 = （期初营运资本 + 期末营运资本）/2 营运资本周转天数 = 计算期天数/营运资本周转率 企业营运资本周转率越快，周转天数越短，表明企业以相同的营运资本实现的销售净业务收入越多，说明企业营运资本的运用效率越高，进而使企业的偿债能力和盈利能力均得以增强。 （7）现金循环周期。 现金循环周期 = 存货周转天数 + 应收账款周转天数 − 应付账款周转天数 应付账款周转天数 = 计算期天数/（主营业务成本净额/平均应付账款） 现金循环周期越短，表明企业经营效率越高，现金转换速度越快，对企业盈利能力及偿债能力均有促进作用。
杜邦分析	净资产收益率 = 净利润/所有者权益平均值 ×100%，通过转换可得如下公式： 净资产收益率 = 净利润/所有者权益平均值 ×100% =（净利润/销售收入净额）×（销售收入净额/所有者权益平均值）×100% =（净利润/销售收入净额）×（销售收入净额/资产平均总额）×（资产平均总额/所有者权益平均值）×100% = 净利率 × 资产周转率 × 杠杆率 ×100% 净资产收益率指标不仅涉及企业盈利能力，还涉及企业营运能力和杠杆水平。

典型真题

【单选题】 如果流动比率大于100%，则下列结论一定成立的是(　　)。

A. 现金比率大于100%　　B. 速动比率大于100%

C. 营运资本大于0　　D. 短期偿债能力绝对有保障

【答案】 C **【解析】** 流动比率 = 流动资产/流动负债 ×100%，流动比率 = 1/(1 − 营运资本/流动资产）×100%，营运资本 = 流动资产 − 流动负债，流动比率大于100%，说明流动资产大于流动负债，营运资本大于0。

第三节 客户信用评级

一、基本概念（掌握）

项目	内容
客户信用评级的概念与功能	（1）客户信用评级是商业银行对客户偿债能力和偿债意愿的综合计量和科学评价，反映客户违约风险的大小。 （2）功能。 ①能够有效区分违约客户。 ②能够准确量化客户违约风险。 ③整个信用评级体系的结果要具有稳定性。
客户信用评级[解读1]的类别	（1）外部评级。 ①概念：指公开市场专业评级机构（如穆迪、标普、惠誉、中诚信、中债资信等）对发行证券的客户主体或融资工具进行的资信评价。 ②评估依据及对象：依据主要是公开市场所披露的财务信息和经营数据，评级对象主要是企业，尤其是大中型企业。 （2）内部评级。 ①概念：指商业银行依据内部收集的信息和自身的评价标准，对本行客户及其所开展业务风险进行的评价。 ②评估对象：银行针对已授信或拟授信对象的客户评级及银行针对所开展具体业务特定交易结构的债项评级。

真考解读 属于常考点，一般会考1道题。

解读1 客户评级是商业银行根据内部数据和标准（侧重于定量分析），对客户的风险进行评价，并据此估计违约概率及违约损失率，作为信用评级和分类管理的标准。

典型真题

【判断题】内部评级是指商业银行依据内部收集的信息和自身的评价标准，对本行客户及其所开展业务风险进行的评价。（　　）

A. 正确　　　　B. 错误

【答案】A【解析】内部评级是指商业银行依据内部收集的信息和自身的评价标准，对本行户及其所开展业务风险进行的评价。

二、《巴塞尔新资本协议》下的客户信用评级与客户评级对象的分类（了解）

真考解读 较少考查，考生了解即可。

项目	内容
《巴塞尔新资本协议》规定的违约情形	（1）银行认定，除非采取追索措施，如变现抵押品（如果存在的话），借款人可能无法全额偿还对银行集团的债务。

续 表

项目	内容
《巴塞尔新资本协议》规定的违约情形	(2) 债务人对于银行的实质性信贷债务逾期90天以上。若客户违反了规定的透支限额或者新核定的限额小于目前的余额，各项透支将被视为逾期。
《巴塞尔新资本协议》要求客户信用评级的效能	(1) 能够有效区分违约客户，即不同信用等级的客户违约风险随信用等级的下降而呈加速上升的趋势，且评级结果之间不能出现零乱的反序，尤其是在客户比较集中的区域。 (2) 能够准确量化客户违约风险，即能够估计各信用等级的违约概率，并将估计的违约概率与实际违约频率之间的误差控制在允许的范围内。 (3) 整个信用评级体系的结果要具有稳定性。
《巴塞尔新资本协议》要求的资产分类	(1) 主权风险暴露。 (2) 金融机构风险暴露。 (3) 公司风险暴露。 (4) 零售风险暴露。 (5) 股权风险暴露。 (6) 其他风险暴露。

真考解读 属于必考点，一般会考1道题。

三、评级因素及方法（重点掌握）

（一）评级因素

项目	内容
定性指标	定性指标包括借款人的行业特征，市场地位、股东结构、公司治理、经营实力、管理水平、人力资源、生产设备、技术水平、研发投资、绿色环保、品牌商誉、关联交易、信息透明度、融资能力、政府支持、银企往来、企业征信、实质控制人征信、工商登记、司法诉讼、税务处罚、媒体新闻等方面信息的评价。
定量指标	(1) 财务类的定量分析指标：资产负债表、利润表和现金流量表。 (2) 非财务类的定量分析指标：水表、电表、税表、银行流水、代发工资、缴税、货物运物流、海关数据。

（二）评级方法

项目	内容
专家分析法[解读3]的内容	（1）对企业信用分析最为广泛的5Cs[解读2]系统。 ①品德（Character），是对借款人声誉的衡量。主要指企业负责人的品德、经营管理水平、资金运用状况、经营稳健性以及偿还愿望等，信用记录对其品德的判断具有重要意义。 ②资本（Capital），指借款人的财务杠杆状况及资本金情况。资本金是经济实力的重要标志，也是企业承担信用风险的最终资源。财务杠杆高就意味着资本金较少，债务负担和违约概率也较高。 ③还款能力（Capacity），一方面是借款人未来现金流量的变动趋势及波动性，另一方面是借款人的管理水平。银行不仅要对借款人的公司治理机制、日常经营策略、管理的整合度和深度进行分析评价，还要对其各部门主要管理人员进行分析评价。 ④抵押[解读4]（Collateral），借款人应提供一定的、合适的抵押品以减少或避免商业银行贷款损失。商业银行对抵押品的要求权级别越高，抵押品的市场价值越大，变现能力越强，则贷款的风险越低。 ⑤经营环境（Condition），主要包括商业周期所处阶段、借款人所在行业状况、利率水平等因素。 （2）5Ps分析系统：个人因素（Personal Factor）、资金用途因素（Purpose Factor）、还款来源因素（Payment Factor）、保障因素（Protection Factor）、企业前景因素（Perspective Factor）。 （3）骆驼（CAMEL）分析系统：资本充足率（Capital Adequacy）、资产质量（Assets Quality）、管理能力（Management）、盈利性（Earning）和流动性（Liquidity）等因素。
专家分析法的特点	（1）将信贷专家的经验和判断作为信用分析和决策的主要基础，主观性强，对信用风险的评估缺乏一致性。 （2）适合于对借款人进行是和否的二维决策，难以实现对信用风险的准确计量。
统计分析法	（1）违约概率模型[解读5]作用：能够直接估计客户的违约概率。 （2）违约概率模型特点：对历史数据的要求更高，需要商业银行建立一致的、明确的违约定义，并且在此基础上积累至少5年的数据。

解读2 5Cs和5Ps的具体内容经常会以多选题的方式考查，考生切勿将两个系统混淆。

解读3 专家系统是依赖高级信贷人员和信贷专家自身的专业知识、技能和丰富经验，运用各种专业性分析工具，在分析评价各种关键要素的基础上依据主观判断来综合评定信用风险的分析系统。

解读4 中长期贷款中，如果没有担保品作为抵押，商业银行通常不予放款。

解读5 我国商业银行将违约概率模型和传统的专家系统相结合。

典型真题

【单选题】客户信用评级方法中的专家分析法是依据(　　)。

A. 精确的数理模型　　B. 信贷专家自身的专业知识

C. 外部评级机构的意见　　D. 董事会高层的意见

【答案】B【解析】专家系统是依赖高级信贷人员和信贷专家自身的专业知识、技能和丰富经验，运用各种专业性分析工具，在分析评价各种关键要素的基础上依据主观判断来综合评定信用风险的分析系统。

真考解读 属于必考点，一般会考1道题。

四、客户评级主标尺及评级流程（重点掌握）

（一）评级主标尺

项目	内容
基本特征	（1）主标尺应该以债务人真实的违约概率为标准划分。 （2）主标尺应该将违约概率连续且没有重叠地映射到风险等级，应该涵盖银行整体资产的信用风险。 （3）风险等级的划分足够精细可以分辨不同类型的风险等级，相邻等级的违约率不能变化过大，各个违约率区间跨度（差值）应该是单调且最好是按几何级数方式增加。 （4）客户不能过于集中在单个风险等级，每个风险等级的客户数不能超过总体客户数的一定比例。 （5）违约率映射要综合考虑银行现有的评级和客户分布。
设立要求	（1）满足监管当局监管指引的要求，《商业银行资本管理办法（试行）》（银监会令〔2012〕1号）相关规定如下： ①商业银行应设定足够的债务人级别和债项级别，确保对信用风险的有效区分。信用风险暴露应在不同债务人级别和债项级别之间合理分布，不能过于集中。 ②商业银行债务人评级应最少具备7个非违约级别、1个违约级别，并保证较高级别的风险小于较低级别的风险。根据资产组合的特点和风险管理需要，商业银行可以设定多于本办法规定的债务人级别，但应保持风险级别间排序的一致性和稳定性。 ③若单个债务人级别风险暴露超过所有级别风险暴露总量的30%，商业银行应有经验数据向银监会证明该级别违约概率区间合理并且较窄。 （2）满足银行内部的管理要求，如某个等级以上的客户不能少于一定比例，某个等级以下的客户不能多于一定比例。 （3）能够与国际公认的评级机构的级别相对应，以便于同行进行比较和资产管理。

（二）评级流程

项目	内容
评级发起	（1）遵循尽职原则，充分、准确地收集评级所需的各项数据，审查资料的真实性，完整无误地将数据输入信用评级系统。 （2）遵循客观、独立和审慎的原则，在充分进行信用分析的基础上，遵循既定的标准和程序，保证信用评级的质量。
评级认定	评级认定的岗位设置应满足独立性要求，评级认定人员不能从贷款发放中直接获益，不应受相关利益部门的影响，不能由评级发起人员兼任。
评级推翻	评级推翻指评级人员对模型评级结果的推翻和评级认定人员对评级发起人员评级建议的否决。
评级更新	（1）评级更新指商业银行定期对现有客户进行重新评价的过程，即对现有客户的再次评级发起。 （2）商业银行对非零售风险暴露的债务人和保证人评级应至少每年更新一次，对风险较高的债务人，商业银行应适当提高评级更新频率，评级有效期内需要更新评级时，评级频率应不受每年一次的限制。

典型真题

【单选题】根据《商业银行资本管理办法（试行）》的要求，从银行实践看，单个债务人级别风险暴露不宜超过所有级别风险暴露总量的（　　）。

A. 50%　　B. 30%

C. 20%　　D. 10%

【答案】B**【解析】**若单个债务人级别风险暴露超过所有级别风险暴露总量的30%，商业银行应有经验数据向银监会证明该级别违约概率区间合理并且较窄。

章节练习

一、单选题（以下各小题所给出的四个选项中，只有一项符合题目要求，请选择相应选项，不选、错选均不得分）

1. 信贷人员可以从客户的生产流程入手，通过供、产、销三个方面分析客户的经营状况。在销售阶段，信贷人员应重点分析的是（　　）。

A. 客户的经营业绩指标

B. 客户的技术水平、设备状况和环保情况

C. 货品的目标客户和收款条件

D. 货品质量、价格和付款条件

2. 具有较强竞争力的产品能为企业赢得市场和利润。下列选项中，(　　)不是企业产品竞争力的主要影响因素。

A. 市场占有率　　B. 质量　　C. 售价　　D. 性能

3. 下列关于资产负债表分析的表述中，错误的是(　　)。

A. 借款人的资金结构应与固定资产周转率相适应

B. 客户的长期资金是由所有者权益和长期负债构成的

C. 在分析资产负债表时，一定要注意借款人的资产结构是否合理，是否与同行业的比例大致相同

D. 合理的资金结构不仅要从总额上满足经营活动需要，资金的搭配也要适当

4. 现金净流量 = 经营活动的现金净流量 + 投资活动的现金净流量 + 筹资活动的现金净流量。以下属于筹资活动的现金流量的是(　　)。

A. 购置固定资产带来的现金流出

B. 购货现金支出

C. 出口退税带来的现金流入

D. 分配现金股利带来的现金流出

5. 某企业的利息费用为 200 万元，税前利润为 600 万元，则该企业的利息保障倍数为(　　)。

A. 0.33　　B. 4　　C. 0.25　　D. 3

二、多选题（以下各小题所给出的五个选项中，有两项或两项以上符合题目的要求，请选择相应选项，多选、少选、错选均不得分）

1. 信贷人员在对客户进行法人治理结构评价时，要重点关注(　　)。

A. 对内部控制人的激励约束　　B. 产销分工

C. 监事会决策程序和方式　　D. 监事会结构和运作过程

E. 控股股东的行为规范

2. 财务报表分析的资料包括(　　)。

A. 上市公司所提供的盈利报告　　B. 会计报表

C. 注册会计师查账验证报告　　D. 会计报表附注

E. 财务状况说明书

3. 下列各项中，属于企业非流动的资产的有(　　)。

A. 固定资产　　B. 应收账款　　C. 无形资产

D. 原材料　　E. 长期股权投资

三、判断题（请对以下各项描述作出判断，正确的为 A，错误的为 B）

1. 结构分析法除了用于单个客户利润表相关项目的分析，还经常用于同行业平均水平比较分析。(　　)

A. 正确　　B. 错误

2. 存货周转率越高，说明客户存货从资金投入到销售收回的时间越长。在营业利润率相同的情况下，存货周转率高，获取的利润就越多。(　　)

A. 正确　　B. 错误

答案详解

一、单选题

1. C【解析】在销售阶段，信贷人员应重点分析目标客户、销售渠道及收款条件。

2. A【解析】企业产品的竞争力取决于产品品牌等多种因素，但主要还是取决于产品自身的性价比，那些性能先进、质量稳定、售价合理的产品往往在市场上具有较强的竞争力，为企业赢得市场和利润。

3. A【解析】借款人的资金结构应与资产转换周期相适应。

4. D【解析】一般来说，取得短期与长期贷款、发行股票或债券带来的现金流入；偿还借款本金、分配现金股利带来的现金流出都属于筹资活动的现金流量。

5. B【解析】利息保障倍数指借款人息税前利润与利息费用的比率，用以衡量客户偿付负债利息能力。根据计算公式，利息保障倍数＝（利润总额＋利息费用）/利息费用＝（600＋200）÷200＝4。

二、多选题

1. AE【解析】信贷人员对客户法人治理结构的评价要着重关注控股股东行为的规范，董事会组成结构、运作方式和决策规则，以及对内部控制人的激励约束等几方面因素。

2. BCDE【解析】财务报表分析的资料：①会计报表；②会计报表附注和财务状况说明书；③注册会计师查账验证报告；④其他资料。

3. ACE【解析】非流动资产指借款人在一年内不能变现的那部分资产，包括长期股权投资、固定资产、无形资产、商誉、长期待摊费用、递延所得税资产和其他非流动性资产等。

三、判断题

1. A【解析】结构分析法除了用于单个客户利润表相关项目的分析，还经常用于同行业平均水平比较分析。

2. B【解析】存货周转率越高，说明客户存货从资金投入到销售收回的时间越短。在营业利润率相同的情况下，存货周转率高，获取的利润就越多；相反，存货周转率慢，反映客户的存货可能过多或不适应生产、销货需要，而过多的存货将影响资金的及时回笼。

第六章　担保管理

应试分析

本章主要介绍贷款担保及押品管理、保证担保、抵押担保及质押担保五大类的知识点。在考试中本章涉及分值约为 8 分，具体可从担保的设定条件、一般规定、主要风险及管理要点四个方面来学习该部分的内容。本章内容条理清晰、脉络分明，考生在复习时可以根据思维导图的框架进行理解记忆。

思维导图

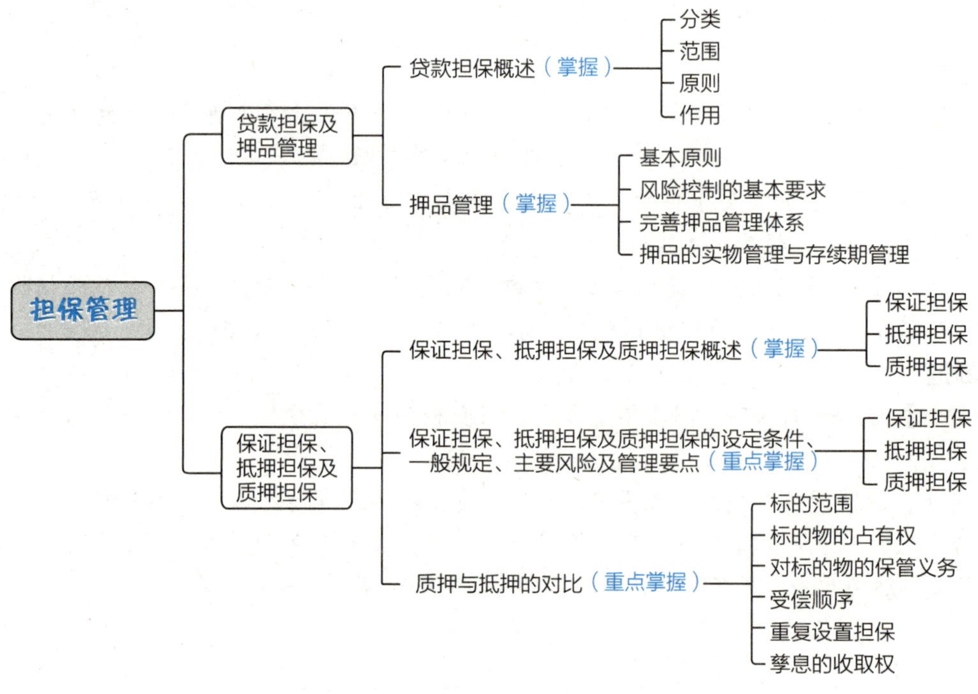

微信扫码关注

畅享在线做题

微信扫码关注

获取免费直播课

知识精讲

第一节 贷款担保及押品管理

一、贷款担保概述（掌握）

真考解读 属于常考点，一般会考1道题。

项目	内容
分类	（1）抵押：指借款人或第三人在不转移财产占有权的情况下，将财产作为债权的担保，银行持有抵押财产的担保权益，当借款人不履行借款合同时，银行有权以该财产折价或者以拍卖、变卖该财产的价款优先受偿。 （2）质押：指债权人与债务人或第三人以协商订立书面合同的方式，移转债务人或者第三人的动产或权利的占有，在债务人不履行债务时，债权人有权以该财产优先受偿。 （3）保证：指保证人和债权人约定，当债务人不履行债务时，保证人按照约定履行债务或者承担责任的行为。
范围	《民法典》第三百八十九条规定，担保物权的担保范围包括主债权及其利息、违约金、损害赔偿金、保管担保财产和实现担保物权的费用。当事人另有约定的，按照其约定。 （1）主债权，即由借款合同、银行承兑协议、出具保函协议书等各种信贷主合同所确定的独立存在的债权。 （2）利息，由主债权所派生的利息。 （3）违约金，指由法律规定或合同约定的债务人不履行或不完全履行债务时，应付给银行的金额。 （4）损害赔偿金，指债务人因不履行或不完全履行债务给银行造成损失时，应向银行支付的补偿费。 （5）实现债权的费用，指债务人在债务履行期届满而不履行或不完全履行债务，银行为实现债权而支出的合理费用。一般包括诉讼费、鉴定评估费、公证费、拍卖费、变卖费、执行费等费用。 （6）质物保管费用，指在质押期间，因保管质物所发生的费用。
原则	（1）平等原则：①所有的民事主体，在从事担保活动中，适用同一法律，具有平等的地位；②民事主体在从事担保活动时必须平等协商。 （2）自愿原则：①当事人有权依法从事担保活动或不从事担保活动；②当事人有权选择保证、抵押、质押或者定金的担保方式，有权约定排除留置的适用，也有权选择为谁提供担保；③担保主体有权选择订立担保合同的方式；④当事人有选择担保相对人的自由。

续　表

项目	内容
原则	（3）公平原则：在担保活动中产生的法律责任的分担必须合理。 （4）诚实信用原则：①担保合同的订立必须符合诚实信用原则；②担保合同的履行必须符合诚实信用原则；③当事人一方明知他人受到欺诈、胁迫或因其他原因，在违背真实意思的情况下为自己提供担保的，这种不诚实的受益是不被允许的。
作用	（1）国民经济健康运行，商品流转秩序得以稳定协调。 （2）借款企业管理经营状况得以促进改善。 （3）银行贷款风险降低，信贷资金使用效率提高。 （4）发展和巩固信用关系。

典型真题

【单选题】在贷款担保中，借款人将其动产交由债权人占有的方式属于(　　)。

A. 保证　　B. 抵押　　C. 质押　　D. 定金

【答案】C【解析】质押指债权人与债务人或第三人以协商订立书面合同的方式，移转债务人或者第三人的动产或权利的占有，在债务人不履行债务时，债权人有权以该财产优先受偿。

真考解读 属于常考点，一般会考1道题。

二、押品管理（掌握）

项目	内容
基本原则	押品管理基本原则包括有效性、合法性、审慎性、从属性。
风险控制的基本要求	（1）应符合的条件。 ①具有良好变现能力。 ②符合法律法规规定或国家政策要求。 ③权属关系清晰且抵押（出质）人对押品具有处分权。 ④真实存在。 （2）分类管理。 可分为房地产、金融质押品、应收账款和其他押品等类别。 （3）押品[解读1]估值管理。 ①遵循客观、审慎原则，保持评估的连续性。活跃市场的押品价格参照市场价。 ②各类表内外业务采用抵质押担保的，应对押品情况进行调查和评估，掌握各环节的信息和资料。 ③根据不同押品价值波动特性，合理确定价值重估频率，每年应至少重估1次。

解读1 押品目录至少每年更新一次。

续 表

项目	内容
风险控制的基本要求	④外部评估：实施名单制管理。 应由外部评估机构估值[解读2]的情形包括以下几种。 a. 法律法规及政策规定、人民法院、仲裁机关等要求必须由外部评估机构估值的押品。 b. 监管部门要求由外部评估机构估值的押品。 c. 因估值技术性要求较高，本行不具备评估专业能力的押品。 d. 其他确需外部评估机构估值的押品。 （4）抵质押率公式。 抵质押率 = 押品担保本金余额/押品估值 × 100%
完善押品管理体系	（1）董事会应督促高级管理层切实履行押品管理职责。 （2）高级管理层应规范押品管理制度流程，落实各项押品管理措施。 （3）商业银行应明确各业务部门的押品管理职责。 （4）商业银行应根据需要，设置相关业务岗位，明确岗位职责，配备充足人员。同时，应采取建立回避制度、流程化管理等措施防范操作风险。 （5）商业银行应健全押品管理制度和流程，明确相关要求。 （6）商业银行应建立押品管理信息系统。 （7）商业银行应真实、完整保存押品管理过程中产生的各类文档。
押品的实物管理与存续期管理	（1）实物管理。应明确押品及其权属证书的保管方式和操作要求，妥善保管抵押（出质）人依法移交的押品或权属证书。 （2）存续期管理。 ①押品价值重估。 a. 押品市场价格发生较大波动。 b. 发生合同约定的违约事件。 c. 押品担保的债权形成不良。 d. 其他需要重估的情形。 ②押品价值监测与压力测试。 建立动态监测机制；每年至少进行 1 次压力测试。 ③押品返还与处置。 a. 抵质押担保合同履行完毕，押品所担保的债务已经全部清偿。 b. 人民法院解除抵质押担保裁判生效。 c. 其他法定或约定情形。 【提示】商业银行按照损失最小化原则处理债务人的违约问题。

解读2 盯市估值是针对有活跃交易市场的金融质押品。

典型真题

【多选题】商业银行应定期或不定期对押品的价值进行价值重估。出现（　　）情形的，应开展重新评估。

A. 押品所担保的债务清偿完毕时

B. 发生合同约定的违约事件

C. 重估频率未到期

D. 押品市场价格发生较大波动

E. 押品担保的债权形成不良

【答案】BDE【解析】商业银行应按规定对押品进行价值重估，出现下列情形的，即使未到重估时点也应重新估值：①押品市场价格发生较大波动；②发生合同约定的违约事件；③押品担保的债权形成不良；④其他需要重估的情形。

第二节　保证担保、抵押担保及质押担保

真考解读 属于常考点，一般会考1道题。

一、保证担保、抵押担保及质押担保概述（掌握）

（一）保证担保

项目	内容
概念	保证指保证人和债权人约定，当债务人不履行到期债务或者发生当事人约定的情形时，保证人必须按照约定履行债务或者承担责任的行为。 【提示】保证率＝申请保证贷款本息/可接受保证限额×100%
保证人的评价	对保证人的评价包括审查保证人的主体资格、评价保证人的代偿能力、保证限额分析等。
银担业务合作的风险防范	（1）融资担保机构概述。 ①《融资担保公司监督管理条例》（中华人民共和国国务院令第683号）规定，监管部门根据当地实际情况规定融资性担保公司注册资本的最低限额，但不得低于人民币2000万元。注册资本为实缴货币资本。 ②融资担保公司的担保责任余额不得超过其净资产的10倍。对主要为小微企业和农业、农村、农民服务的融资担保公司，上述规定的倍数上限可以提高至15倍。 ③融资担保公司对同一被担保人的担保责任余额与融资担保公司净资产的比例不得超过10%，对同一被担保人及其关联方的担保责任余额与融资担保公司净资产的比例不得超过15%。融资担保公司不得为其控股股东、实际控制人提供融资担保，为其他关联方提供

续 表

项目	内容
银担业务合作的风险防范	融资担保的条件不得优于为非关联方提供同类担保的条件。融资担保公司不得吸收存款或者变相吸收存款，不得自营贷款或者受托贷款，不得受托投资。 （2）银担合作的意义：促进经济社会发展，缓解小企业和“三农”贷款难、担保难，提升普惠金融服务能力。 （3）风险防范。 ①审慎选择融资用途真实合理、第一还款来源可靠的客户。 ②优选资本实力优良、股东背景良好、代偿率及代偿回收表现良好的担保机构开展合作。 ③控制单一担保机构担保的业务规模、对单个客户的担保责任的集中度，并对融资担保机构担保业务的客户组合、期限组合等进行审慎管理。 ④存续期跟踪管理有担保责任余额的融资担保机构。 ⑤及时判断风险并调整银担合作策略。

（二）抵押担保

项目	内容
概念	抵押指债务人或第三人对债权人以一定财产作为清偿债务担保的法律行为。
抵押额度的确定	（1）抵押物认定。 ①实行租赁经营责任制的企业，要有产权单位同意的证明。 ②集体所有制企业和股份制企业应核对抵押物所有权及验证董事会或职工代表大会同意的证明。 ③共有财产做抵押（以抵押人所有的份额为限），应取得共有人同意抵押的证明。 （2）估价。 ①估价方法：不同的估价标的因时间和地区的不同而不同。 ②确定抵押率。 a. 依据：抵押物的适用性、变现能力及抵押物价值的变动趋势。 抵押物价值的变动趋势可从以下三方面进行分析。 实体性贬值，即由于使用磨损和自然损耗造成的贬值。 功能性贬值，即由于技术相对落后造成的贬值。 经济性贬值，即由于外部环境变化引起的贬值。 b. 公式：抵押率 = 担保债权本息总额/抵押物评估价值额 × 100% （3）确认额度。 抵押贷款额 = 抵押物评估值 × 抵押贷款率

（三）质押担保

项目	内容
概念	质押指债权人所享有的通过占有由债务人或第三人移交的质物而使其债权优先受偿的权利。
分类	动产质押和权利质押（根据质物特征的不同）。

典型真题

【单选题】某企业有一处商业办公楼，经评估价值为500万元，将此房屋作为抵押物向银行申请抵押贷款，贷款抵押率为70%，银行对该企业放款金额最多不超过(　　)万元。

A. 350　　B. 500　　C. 450　　D. 400

【答案】A**【解析】**抵押率=担保债权本息总额/抵押物评估价值额×100%，所以担保债权本息总额=抵押物评估价值额×抵押率=500×70%=350（万元），故选A。

真考解读 属于必考点，一般会考3道题。

二、保证担保、抵押担保及质押担保的设定条件、一般规定、主要风险及管理要点（重点掌握）

（一）保证担保

项目	内容
保证人资格	《民法典》第六百八十三条规定，机关法人不得为保证人，但是经国务院批准为使用外国政府或者国际经济组织贷款进行转贷的除外。以公益为目的的非营利法人、非法人组织不得为保证人。 企业法人的分支机构以自己的名义从事民事活动，产生的民事责任由法人承担；也可以先以该分支机构管理的财产承担，不足以承担的，由法人承担。
一般规定	（1）保证担保份额的确定。 ①同一债务有两个以上保证人的，保证人应当按照保证合同约定的保证份额，承担保证责任；没有约定保证份额的，债权人可以请求任何一个保证人在其保证范围内承担保证责任。 ②保证人承担保证责任后，除当事人另有约定外，有权在其承担保证责任的范围内向债务人追偿，享有债权人对债务人的权利，但是不得损害债权人的利益。 （2）保证担保的类型。保证的方式包括一般保证和连带责任保证。当事人在保证合同中对保证方式没有约定或者约定不明确的，按照一般保证承担保证责任。 ①当事人在保证合同中约定，债务人不能履行债务时，由保证人承担保证责任的，为一般保证。

续 表

项目	内容
一般规定	一般保证的保证人在主合同纠纷未经审判或者仲裁，并就债务人财产依法强制执行仍不能履行债务前，有权拒绝向债权人承担保证责任，但是有下列情形之一的除外： a. 债务人下落不明，且无财产可供执行。 b. 人民法院已经受理债务人破产案件。 c. 债权人有证据证明债务人的财产不足以履行全部债务或者丧失履行债务能力。 d. 保证人书面表示放弃本款规定的权利。 ②当事人在保证合同中约定保证人和债务人对债务承担连带责任的，为连带责任保证。连带责任保证的债务人不履行到期债务或者发生当事人约定的情形时，债权人可以请求债务人履行债务，也可以请求保证人在其保证范围内承担保证责任。 （3）债权债务关系转移对保证担保责任的影响。债权人转让全部或者部分债权，未通知保证人的，该转让对保证人不发生效力。保证人与债权人约定禁止债权转让，债权人未经保证人书面同意转让债权的，保证人对受让人不再承担保证责任。 （4）保证责任。 ①被担保的债权既有物的担保又有人的担保的，债务人不履行到期债务或者发生当事人约定的实现担保物权的情形，债权人应当按照约定实现债权；没有约定或者约定不明确，债务人自己提供物的担保的，债权人应当先就该物的担保实现债权；第三人提供物的担保的，债权人可以就物的担保实现债权，也可以请求保证人承担保证责任。提供担保的第三人承担担保责任后，有权向债务人追偿。 ②债权人与保证人可以约定保证期间，但是约定的保证期间早于主债务履行期限或者与主债务履行期限同时届满的，视为没有约定；没有约定或者约定不明确的，保证期间为主债务履行期限届满之日起6个月。债权人与债务人对主债务履行期限没有约定或者约定不明确的，保证期间自债权人请求债务人履行债务的宽限期届满之日起计算。 ③一般保证的债权人未在保证期间对债务人提起诉讼或者申请仲裁的，保证人不再承担保证责任。连带责任保证的债权人未在保证期间请求保证人承担保证责任的，保证人不再承担保证责任。
风险与管理要点	（1）风险。 ①保证人不具备担保资格和能力；②公司互保；③虚假担保人；④保证手续不完备，保证合同产生法律风险；⑤超过诉讼时效，贷款丧失胜诉权。 《民法典》第一百八十八条规定，向人民法院请求保护民事权利的诉讼时效期间为3年。法律另有规定的，依照其规定。

续 表

项目	内容
风险与管理要点	诉讼时效期间自权利人知道或者应当知道权利受到损害以及义务人之日起计算。法律另有规定的，依照其规定。但是，自权利受到损害之日起超过20年的，人民法院不予保护，有特殊情况的，人民法院可以根据权利人的申请决定延长。 （2）管理要点。 ①核实保证（核保）。 企业法人为保证人应注意核实的事项：a.法人和法人代表签字印鉴的真伪；b.企业法人出具的保证是否符合该法人章程规定的宗旨或授权范围；c.股份有限公司或有限责任公司的企业法人提供的保证，需要取得董事会决议同意或股东大会同意；d.中外合资、合作企业的企业法人提供的保证；e.核保必须是现场实地核保，并且是双人同去；f.核保人必须亲眼所见保证人在保证文件上签字盖章。保证合同要以书面形式订立，以明确双方当事人的权利和义务。 ②签订好保证合同[解读1]：确定保证合同的形式、订立方式及内容。 ③贷后管理：关注保证人的经营状况是否变差，或其债务是否增加；债权人与债务人变更合同条款是否征得保证人的同意。

解读1 保证合同要以书面形式订立，以明确双方当事人的权利和义务。《民法典》规定，保证合同可以是单独订立的书面合同，也可以是主债权债务合同中的保证条款。

（二）抵押担保

项目	内容
抵押物的范围	（1）债务人或者第三人有权处分的下列财产可以抵押：①建筑物和其他土地附着物；②建设用地使用权；③海域使用权；④生产设备、原材料、半成品、产品；⑤正在建造的建筑物、船舶、航空器；⑥交通运输工具；⑦法律、行政法规未禁止抵押的其他财产。 （2）下列财产不得抵押：①土地所有权；②宅基地、自留地、自留山等集体所有土地的使用权，但是法律规定可以抵押的除外；③学校、幼儿园、医疗机构等为公益目的成立的非营利法人的教育设施、医疗卫生设施和其他公益设施；④所有权、使用权不明或者有争议的财产；⑤依法被查封、扣押、监管的财产；⑥法律、行政法规规定不得抵押的其他财产。
一般规定	（1）抵押权的设立。 ①以建筑物和其他土地附着物、建设用地使用权、海域使用权、正在建造的建筑物抵押的，应当办理抵押登记。抵押权自登记时设立。 ②以动产抵押的，抵押权自抵押合同生效时设立；未经登记，不得对抗善意第三人。 ③抵押权设立前，抵押财产已经出租并转移占有的，原租赁关系不受该抵押权的影响。

续 表

项目	内容
一般规定	（2）抵押解读2的效力。 ①抵押担保的范围。抵押担保的范围包括主债权及利息、违约金、损害赔偿金和实现抵押权的费用。如果抵押合同另有规定的，按照规定执行。 ②抵押物的转让。抵押期间，抵押人可以转让抵押财产。当事人另有约定的，按照其约定。抵押财产转让的，抵押权不受影响。 抵押人转让抵押财产的，应当及时通知抵押权人。抵押权人能够证明抵押财产转让可能损害抵押权的，可以请求抵押人将转让所得的价款向抵押权人提前清偿债务或者提存。转让的价款超过债权数额的部分归抵押人所有，不足部分由债务人清偿。 ③抵押物的保全。在抵押期间，银行若发现抵押人对抵押物使用不当或保管不善，足以使抵押物价值减少时，有权要求抵押人停止其行为。若抵押物价值减少时，银行有权要求抵押人恢复抵押物的价值，或者提供与减少的价值相等的担保。 （3）抵押权的实现。 抵押权是与其担保的债权同时存在的。 ①同一财产向两个以上债权人抵押的，拍卖、变卖抵押财产所得的价款依照下列规定清偿：a. 抵押权已登记的，按照登记的先后顺序清偿。b. 抵押权已登记的先于未登记的受偿。c. 抵押权未登记的，按照债权比例清偿。 ②建设用地使用权抵押后，该土地上新增的建筑物不属于抵押财产。该建设用地使用权实现抵押权时，应当将该土地上新增的建筑物与建设用地使用权一并处分，但是，新增建筑物所得的价款，抵押权人无权优先受偿。 ③以集体所有土地的使用权依法抵押的，实现抵押权后，未经法定程序，不得改变土地所有权的性质和土地用途。 ④为债务人抵押担保的第三人，在抵押权人实现抵押权后，有权向债务人追偿。 ⑤担保期间，担保财产毁损、灭失或者被征收等，担保物权人可以就获得的保险金、赔偿金或者补偿金等优先受偿。被担保债权的履行期限未届满的，也可以提存该保险金、赔偿金或者补偿金等。 ⑥抵押权人应当在主债权诉讼时效期间行使抵押权；未行使的，人民法院不予保护。
风险与管理要点	（1）风险。 ①未办理有关登记手续；②抵押物虚假或严重不实；③将共有财产抵押而未经共有人同意；④以第三方的财产作抵押而未经财产所有人同意；⑤抵押物价值贬损或难以变现；⑥未抵押有效证件或抵

解读2 削弱抵押担保能力的抵押品包括易损耗的机器或交通运输工具。

续 表

项目	内容
风险与管理要点	押的证件不齐；⑦因主合同无效，导致抵押关系无效；⑧资产评估不真实，导致抵押物不足值。 （2）管理要点。 ①对抵押物进行严格审查；②对抵押物的价值进行准确评估；③做好抵押物登记，确保抵押效力；④抵押合同[解读3]期限应覆盖贷款合同期限；⑤续期管理。

解读3 抵押合同自登记之日起生效的抵押财产包括房地产、林木、航空器、船舶、车辆以及企业的设备和其他动产。

（三）质押担保

项目	内容
条件	（1）可以质押的财产。 ①出质人所有的、依法有权处分并可移交质权人占有的动产。 ②汇票、支票、本票、债券、存款单、仓单、提单。 ③依法可以转让的基金份额、股权。 ④依法可转让的商标专用权、专利权、著作权等知识产权中的财产权。 ⑤现有的以及将有的应收账款。 （2）不可以质押的财产。 ①所有权、使用权不明或有争议的财产。 ②法律法规禁止流通的财产或者不可转让的财产。 ③国家机关的财产。 ④依法被查封、扣押、监管的财产。 ⑤租用的财产。 ⑥其他依法不得质押的其他财产。 （3）质押材料。 ①“担保意向书”和质押财产的产权证明文件。 ②资格证明。 a. 法人：经工商行政管理部门年检合格的企业法人营业执照、事业法人营业执照；b. 法人分支机构：经工商行政管理部门年检合格的营业执照、授权委托书。 ③符合法律效力的质押文件、决议。 ④财产共有人出具的同意出质的文件。 （4）质物的合法性。 ①出质人对质物、质押权利占有的合法性。 ②质物、质押权利的合法性。 （5）质押价值与质押率的确定。 ①有明确市场价格的质押品，其公允价值即为该质押品的市场价格，包括国债、上市公司流通股票、存款单、银行承兑汇票等。

续 表

项目	内容
条件	②非上市公司法人股权等没有明确市场价格的质押品，应当在以下价格中选择较低者为质押品的公允价值：公司最近一期经审计的财务报告或税务机关认可的财务报告中所写明的质押品的净资产价格；以公司最近的财务报告为基础，测算公司未来现金流入量的现值，所估算的质押品的价值；如果公司正处于重组、并购等股权变动过程中，可以交易双方最新的谈判价格作为确定质押品公允价值的参考。 ③质押率的依据主要有质物的适用性、变现能力；质物、质押权利价值的变动趋势。
一般规定	（1）质押权的设立。 ①动产质押中，质权自出质人交付质押财产时设立。 ②权利质押中，以汇票、本票、支票、债券、存款单、仓单、提单出质的，质权自权利凭证交付质权人时设立；没有权利凭证的，质权自办理出质登记时设立。以基金份额、股权出质的，质权自办理出质登记时设立。以注册商标专用权、专利权、著作权等知识产权中的财产权出质的，质权自办理出质登记时设立。以应收账款出质的，质权自办理出质登记时设立。 （2）质押财产的保管义务。 ①质权人在质权存续期间，未经出质人同意，擅自使用、处分质押财产，造成出质人损害的，应当承担赔偿责任。[解读4] ②质权人负有妥善保管质押财产的义务；因保管不善致使质押财产毁损、灭失的，应当承担赔偿责任。 质权人的行为可能使质押财产毁损、灭失的，出质人可以请求质权人将质押财产提存，或者请求提前清偿债务并返还质押财产。 ③质权人在质权存续期间，未经出质人同意转质，造成质押财产毁损、灭失的，应当承担赔偿责任。 （3）质押权的实现。 ①债务人履行债务或者出质人提前清偿所担保的债权的，质权人应当返还质押财产。 债务人不履行到期债务或者发生当事人约定的实现质权的情形，质权人可以与出质人协议以质押财产折价，也可以就拍卖、变卖质押财产所得的价款优先受偿。 ②出质人可以请求质权人在债务履行期限届满后及时行使质权；质权人不行使的，出质人可以请求人民法院拍卖、变卖质押财产。 出质人请求质权人及时行使质权，因质权人怠于行使权利造成出质人损害的，由质权人承担赔偿责任。

解读4 因此质权人不具有处分权，处分权归出质人所有。

续 表

项目	内容
一般规定	③质押财产折价或者拍卖、变卖后，其价款超过债权数额的部分归出质人所有，不足部分由债务人清偿。
风险与管理要点	（1）风险。 ①虚假质押风险。虚假质押风险是贷款质押的最主要风险因素。 ②司法风险：银行如果让质押存款的资金存放在借款人在本行的活期存款账户，是有司法风险的。为规避司法风险，质押资金可转为定期存单或转入银行名下的保证金账户。 ③汇率风险。 ④操作风险。 （2）管理要点。 ①核查质押动产在品种、数量、质量等方面是否与质押权证相符，不盲目接受质押。 ②审查质押物是否符合法律法规的规定。 ③寻求权威部门估量质押物价值，谨慎选择质押物。 ④确认是否登记→办理登记手续、收齐有效凭证、约定保全承诺和措施→合理保管质押证件。

典型真题

【单选题】下列选项中，不能作为保证人的是(　　)。

A. 以公益为目的的非营利法人　　B. 金融机构

C. 自然人　　D. 担保公司

【答案】A**【解析】**《民法典》对保证人的资格有以下限制性规定：第一，机关法人不得作保证人，但经国务院批准为使用外国政府或者国际经济组织贷款进行转贷的除外。第二，以公益为目的的非营利法人、非法人组织不得作保证人。企业法人的分支机构以自己的名义从事民事活动，产生的民事责任由法人承担；也可以先以该分支机构管理的财产承担，不足以承担的，由法人承担。

【单选题】依法应办理抵押登记的，抵押权的生效时间为(　　)。

A. 抵押交付之日　　B. 当事人协商之日

C. 登记之日　　D. 签订之日

【答案】C**【解析】**须依法登记的抵押物，抵押合同自登记之日起生效。

【多选题】商业银行贷款保证担保存在的主要风险因素包括(　　)。

A. 保证人不具备担保资格

B. 保证手续不完备，保证合同产生法律风险

C. 虚假担保人

D. 保证人为民营企业

E. 保证人不具备担保能力

【答案】ABCE【解析】保证担保的主要风险包括以下内容：①保证人不具备担保资格和能力；②公司互保；③虚假担保人；④保证手续不完备，保证合同产生法律风险；⑤超过诉讼时效，贷款丧失胜诉权。

三、质押与抵押的对比（重点掌握）

真考解读 属于必考点，一般会考1道题。

项目	内容
标的范围	（1）质权的标的物为动产和财产权利，其中动产质押比较典型。 （2）抵押权的标的物包括动产和不动产，其中不动产比较典型。
标的物的占有权	（1）质权的设立必须转移质押标的物的占有权[解读5]。 （2）抵押权的设立不转移抵押标的物的占有权。
对标的物的保管义务	（1）质押时，质权人对质物负有善良管理人的注意义务。 （2）抵押权人没有保管标的物的义务。
受偿顺序	（1）在质权设立的情况下，一物只能设立一个质押权，因而不存在受偿的顺序问题。 （2）一物可设数个抵押权，当数个抵押权并存时，有受偿的先后顺序之分。
重复设置担保	（1）在质押担保中，由于质押合同是从质物移交给质权人占有之日起生效，因此在实际中不可能存在同一质物上重复设置质权的现象。 （2）法律允许抵押权重复设置。在抵押担保中，抵押物价值大于所担保债权的余额部分，可以再次抵押，即抵押人可以同时或者先后就同项财产向两个以上的债权人进行抵押。
孳息的收取权	（1）在质押期间，质权人依法有权收取质物所产生的天然孳息和法定孳息。 （2）在抵押期间，不论抵押物所产生的是天然孳息还是法定孳息，均由抵押人收取，抵押权人无权收取。只有在债务履行期间届满，债务人不履行债务致使抵押物被法院依法扣押的情况下，自扣押之日起，抵押权人才有权收取孳息。

解读5 标的物的占有权是否发生转移不同，这是质押与抵押最重要的区别。

典型真题

【单选题】在质押期间，（　　）依法有权收取质物所产生的天然孳息和法定孳息。

A. 质权人　　B. 国家财政　　C. 借款人　　D. 出质人

【答案】A【解析】在质押期间，质权人依法有权收取质物所产生的天然孳息和法定孳息。

章节练习

一、单选题（以下各小题所给出的四个选项中，只有一项符合题目要求，请选择相应选项，不选、错选均不得分）

1. 关于保证合同的形式，下列表述中正确的是(　　)。
   A. 一般以口头形式订立
   B. 不可以以主合同担保条款的形式存在
   C. 可以单独订立书面合同
   D. 具有担保性质的信函、传真不属于保证合同
2. 贷款质押的最主要风险因素是(　　)。
   A. 虚假质押风险　　B. 司法风险　　C. 汇率风险　　D. 操作风险
3. 抵押物由于技术相对落后造成的贬值称为(　　)。
   A. 经济性贬值　　B. 功能性贬值　　C. 科技性贬值　　D. 实体性贬值
4. 甲公司拟向乙银行贷款，并以一处房产设定抵押，该房产的购买成本为300万元，目前账面价值为260万元，经评估的现值为500万元。乙银行确定抵押贷款率为60%，则甲公司最多能从乙银行获得的抵押贷款额为(　　)万元。
   A. 500　　B. 180　　C. 300　　D. 156
5. 下列关于质押和抵押区别的说法中，不正确的是(　　)。
   A. 抵押权的设立不转移抵押标的物的占有权，而质权的设立必须转移质押标的物的占有权
   B. 抵押中的债权人取得抵押财产的所有权或部分所有权，质押中的债务人保持对质押财产的占有权
   C. 在抵押担保中，抵押物价值大于所担保债权的余额部分的，可以再次抵押
   D. 质权的标的物为动产和财产权利

二、多选题（以下各小题所给出的五个选项中，有两项或两项以上符合题目的要求，请选择相应选项，多选、少选、错选均不得分）

1. 根据《民法典》的规定，下列财产中可以用来抵押的有(　　)。
   A. 建设用地使用权　　B. 生产设备　　C. 建筑物和其他土地附着物
   D. 被查封资产　　E. 土地所有权
2. 抵押物价值减少时，商业银行可以(　　)。
   A. 请求仲裁机关仲裁　　B. 要求抵押人出具证明
   C. 请求法院强制执行　　D. 要求抵押人恢复抵押物的价值
   E. 提供与减少的价值相等的担保
3. 下列财产设定抵押担保时，必须办理抵押登记的有(　　)。
   A. 以招标、拍卖、公开协商等方式取得的荒地等土地使用权
   B. 房地产
   C. 船舶
   D. 企业的设备
   E. 建设用地使用权

三、判断题（请对以下各项描述作出判断，正确的为 A，错误的为 B）

1. 一般保证的保证人在主合同纠纷未经审判或者仲裁，并就债务人财产依法强制执行仍不能履行债务前，对债权人可以拒绝承担保证责任。（　　）

A. 正确　　　　B. 错误

2. 上市公司流通股票作为质押品时，其公允价值是该股票的市场价格。（　　）

A. 正确　　　　B. 错误

答案详解

一、单选题

1. C【解析】保证合同要以书面形式订立，以明确双方当事人的权利和义务。根据《民法典》的规定，保证合同可以是单独订立的书面合同，也可以是主债权债务合同中的保证条款。

2. A【解析】目前银行办理的质押贷款在业务中主要的风险有虚假质押风险、司法风险、汇率风险和操作风险。其中，虚假质押风险是贷款质押的最主要风险因素。

3. B【解析】抵押物价值的变动趋势，一般可从以下方面进行分析：①实体性贬值，即由于使用磨损和自然损耗造成的贬值；②功能性贬值，即由于技术相对落后造成的贬值；③经济性贬值，即由外部环境变化引起的贬值或增值。

4. C【解析】由于抵押物在抵押期间会出现损耗、贬值，在处理抵押物期间会发生费用，以及贷款有利息、逾期有罚息等原因，银行一般向借款人提供的贷款额会低于抵押物的评估值，贷款额度要在抵押物的评估价值与抵押贷款率的范围内加以确定。抵押贷款额 = 抵押物评估值 × 抵押贷款率 = 500 × 60% = 300（万元）。

5. B【解析】抵押权的设立不转移抵押标的物的占有权，而质权的设立必须转移质押标的物的占有权，这是质押与抵押最重要的区别。

二、多选题

1. ABC【解析】债务人或者第三人有权处分的下列财产可以抵押：①建筑物和其他土地附着物；②建设用地使用权；③海域使用权；④生产设备、原材料、半成品、产品；⑤正在建造的建筑物、船舶、航空器；⑥交通运输工具；⑦法律、行政法规未禁止抵押的其他财产。选项 D、选项 E 属于不得抵押的财产。

2. DE【解析】在抵押期间，银行若发现抵押人对抵押物使用不当或保管不善，足以使抵押物价值减少时，有权要求抵押人停止其行为。若抵押物价值减少时，银行有权要求抵押人恢复抵押物的价值，或者提供与减少的价值相等的担保。

3. BCD【解析】须依法登记的抵押物，抵押合同自登记之日起生效。须依法登记的抵押物包括房地产、林木、航空器、船舶、车辆以及企业的设备和其他动产。

三、判断题

1. A【解析】一般保证的保证人在主合同纠纷未经审判或者仲裁，并就债务人财产依法强制执行仍不能履行债务前，对债权人可以拒绝承担保证责任。

2. A【解析】对于有明确市场价格的质押品，如国债、上市公司流通股票、存款单、银行承兑汇票等，其公允价值即为该质押品的市场价格。

第七章　信贷审批

应试分析

本章主要介绍信贷授权与审贷分离、授信额度及审批、贷款审查事项及审批要素。在考试中，涉及的分值约为7分。本章内容不多，重点是信贷授权、授信额度的决定因素与确定流程和贷款审查事项。本章难度一般，考试大多是直接考查，考生可以根据应试指导的真考解读模块对重点内容进行有侧重的学习。

思维导图

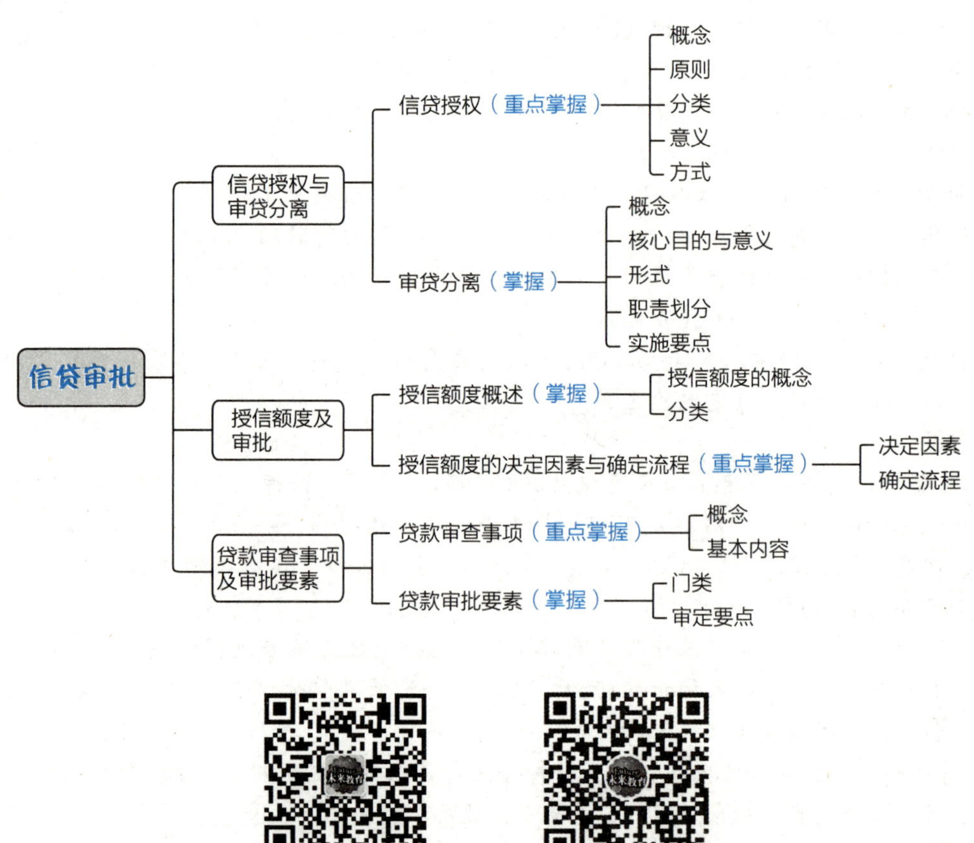

微信扫码关注
畅享在线做题

微信扫码关注
获取免费直播课

知识精讲

第一节 信贷授权与审贷分离

一、信贷授权（重点掌握）

项目	内容
概念	信贷授权[解读1]，指银行业金融机构对其所属业务职能部门、分支机构和关键业务岗位开展授信业务权限的具体规定。
原则	（1）授权适度原则。银行业金融机构应兼顾信贷风险控制和提高审批效率两方面的要求，合理确定授权金额及行权方式，以实现集权与分权的平衡。实行转授权的，在金额、种类和范围上均不得大于原授权。 （2）差别授权原则[解读2]。 （3）动态调整原则。应根据各业务职能部门和分支机构的经营业绩、风险状况、制度执行以及经济形势、信贷政策、业务总量、审批能力等方面的情况变化，及时调整授权。 （4）权责一致原则。
分类	（1）直接授权，指银行业金融机构总部对总部相关授信业务职能部门或直接管理的经营单位授予全部或部分信贷产品一定期限、一定金额内的授信审批权限。 （2）转授权，指受权的经营单位在总部直接授权的权限内，对本级行各有权审批人、相关授信业务职能部门和所辖分支机构转授一定的授信审批权限。
意义	（1）有利于健全内部控制体系，增强防范和控制风险的能力。 （2）有利于优化流程、提高效率，实现风险收益的最优化。 （3）有利于有效实行一级法人体制，强化银行业金融机构的统一管理与内部控制，增强银行业金融机构防范和控制风险的能力。
方式	（1）载体：规章制度、授权书（常用）、部门职责、岗位职责等书面形式。其中，授权的有效期限一般为1年。 （2）形式。 项目：按受权人划分；内容：信贷授权可授予总部授信业务审批部门及其派出机构、分支机构及相关负责人或独立授信审批人等。

真考解读 属于必考点，一般会考1道题。

解读1 在商业银行信贷授权管理中，对内授权与对外授信密切相关。对内合理授权是银行业金融机构对外优质高效授信的前提和基础。

解读2 根据受权人的风险管理能力、所处区域经济信用环境、资产质量等因素进行信贷业务差别授权。

续 表

<table>
<tr><th>项目</th><th>内容</th></tr>
<tr><td>方式</td><td>
续 表
<table>
<tr><th>项目</th><th>内容</th></tr>
<tr><td>按授信品种划分</td><td>可按风险高低进行授权，如对固定资产贷款、并购贷款、流动资金贷款等品种给予不同的权限。</td></tr>
<tr><td>按行业进行授权</td><td>对产能过剩行业、高耗能、高污染行业适当上收审批权限。</td></tr>
<tr><td>按客户风险评级授权</td><td>不同信用等级的客户分别授予不同的权限。</td></tr>
<tr><td>按担保方式授权</td><td>对采用不同担保方式的授信业务分别授予不同的权限，如对全额保证金业务、存单（国债）质押业务等通常给予更大的审批权限。</td></tr>
</table>
</td></tr>
</table>

典型真题

【单选题】商业银行根据各业务职能部门和分支机构的经营业绩、风险状况、制度执行人以及经济形势、信贷政策、业务总量、审批手段等方面的情况变化、及时调整授权。这是信贷授权应遵循的(　　)原则。

A. 动态调整　　B. 授权适度　　C. 权责一致　　D. 差别授权

【答案】A **【解析】**动态调整原则。应根据各业务职能部门和分支机构的经营业绩、风险状况、制度执行以及经济形势、信贷政策、业务总量、审批能力等方面的情况变化，及时调整授权。

真考解读 属于常考点，一般会考1道题。

二、审贷分离（掌握）

项目	内容
概念	审贷分离指信贷业务办理过程中的调查、审查环节分离并分别由不同层次机构和不同部门（岗位）承担，以实现相互制约并充分发挥信贷审查人员专业优势的信贷管理制度。
核心目的与意义	（1）核心目的：将负责贷款调查的业务部门（岗位）与负责贷款审查的管理部门（岗位）相分离以达到相互制约的目的。 （2）意义。 ①信贷审查人员独立判断风险，保证信贷审查审批的独立性和科学性。

续 表

项目	内容
核心目的与意义	②信贷审查人员相对固定，有利于提高专业化水平，实现专家审贷，弥补客户经理在信贷专业分析技能方面的不足，减少信贷决策失误。 ③促进银行业金融机构的信贷管理机制改革、提高信贷管理水平以及提高信贷资产质量。
形式	岗位分离、部门分离、地区分离。
职责划分	（1）信贷业务岗位职责。 ①积极拓展信贷业务，搞好市场调查，优选客户，受理借款人申请。 ②对客户进行信用等级评价，撰写调查报告，提出信贷业务的期限、金额、利率（费率）和支付方式等明确意见。 ③办理核保、抵（质）押登记，落实信贷审批条件。 ④贷款业务办理后对借款人执行借款合同的情况和经营状况进行贷后检查和管理。 ⑤督促借款人按合同约定使用贷款，按时足额归还贷款本息，并负责配合催收风险贷款。 ⑥对借款人申请信贷业务的合法性、安全性、盈利性进行调查并确保授信材料的真实性。 （2）信贷审查岗位职责。 表面真实性审查、完整性审查、合规性审查、合理性审查、可行性审查。
实施要点	（1）审查人员与借款人原则上不单独直接接触：对特大项目、复杂事项等确需审查人员接触借款人的，应经过一定程序的批准，在客户经理的陪同下实地进行调查。 （2）审查人员无最终决策权：信贷决策权应由贷款审查委员会或最终审批人行使。 （3）审查人员应成为真正的信贷专家：审查人员应具备经济、财务、信贷、法律、税务等专业知识，并有丰富的实践经验。 （4）实行集体审议机制：贷审会投票未通过的信贷事项，有权审批人不得审批同意，对贷审会通过的授信，有权审批人（行长或其授权的副行长）可以否决。 （5）按程序审批。 【提示】审查人员即使对贷款发放持否定态度，也应按正常的信贷流程继续进行审批。

典型真题

【单选题】审贷分离的核心是将负责贷款调查的(　　)与负责贷款审查的(　　)相分离，以达到相互制约的目的。

A. 业务部门；监控部门　　B. 业务部门；管理部门

C. 调配部门；稽核部门　　D. 管理部门；调配部门

【答案】B【解析】审贷分离指将信贷业务办理过程中的调查和审查环节进行分离，分别由不同层次机构和不同部门（岗位）承担，以实现相互制约并充分发挥信贷审查人员专业优势的信贷管理制度。审贷分离的核心是将负责贷款调查的业务部门（岗位）与负责贷款审查的管理部门（岗位）相分离，以达到相互制约的目的。

第二节　授信额度及审批

真考解读 属于常考点，一般会考1道题。

一、授信额度概述（掌握）

（一）授信额度的概念

授信额度指银行在客户授信限额以内，根据客户的授信需求、还款能力和银行的客户政策最终决定给予客户的授信总额，包括贸易融资额度、保函额度、贷款额度、承兑汇票额度、透支额度等各类信贷业务额度。

（二）分类

项目	内容
集团授信额度	（1）概念：集团授信额度指授信银行授予集团客户包括分配各个集团成员的授信额度的总和。 （2）潜在风险。 ①贷款资金有可能被转移到集团的其他公司。 ②易发生不公允的关联交易。 ③无论借款企业的条件和业绩有多优秀，发生在集团的其他公司的问题都有可能影响到借款企业。
客户授信（信用）额度	客户信用额度指银行授予某个借款企业的信用额度（包括分配各类信贷业务额度）的总和，额度可在有效期内使用。
单笔贷款额度	单笔贷款额度适用于以下：①被指定发放的贷款本金额度，一旦经过借贷和还款后，就不能再被重复借贷；②被批准于短期贷款、长期循环贷款和其他类型的授信贷款的最高的本金风险敞口额度。

典型真题

【单选题】商业银行通常按照(　　)的逻辑顺序开展授信业务。

A. 单笔信贷业务、客户授信额度、集团授信额度

B. 客户授信额度、集团授信额度、单笔信贷业务

C. 集团授信额度、客户授信额度、单笔信贷业务

D. 客户授信额度、单笔信贷业务、集团授信额度

【答案】C【解析】商业银行通常是按照先核定集团授信额度（如有）、客户授信额度，再办理信贷业务的逻辑顺序开展信贷业务。

二、授信额度的决定因素与确定流程（重点掌握）

真考解读 属于必考点，一般会考1道题。

项目	内容
决定因素	(1) 了解并测算客户的信贷需求。 (2) 客户的还款能力（现金流入≥现金流出）：通过对季节性或长期贷款的信用分析和财务预测来评估还款能力，集中分析客户未来现金流量的风险。 (3) 贷款组合管理的限制。 (4) 银行或借款企业的相关法律或监督条款的限制。 (5) 银行的客户政策。 (6) 客户关系管理因素。
确定流程	分析借款原因和借款需求→大致评估长期贷款额度需求→讨论具体需求额度与借款原因及其合理性→进行信用分析→进行偿债能力分析→初步核定授信额度→审批、审核→实施。

典型真题

【多选题】商业银行贷款授信额度的决定因素包括(　　)。

A. 银行的内部授权情况

B. 借款企业对信贷金额的需求

C. 有关法律或条款存在的限制，以及借款合同有关的限制

D. 借款企业的还款能力

E. 贷款组合管理的限制和客户关系管理因素

【答案】BCDE【解析】决定因素：①了解并测算客户的信贷需求；②客户的还款能力（现金流入≥现金流出）：通过对季节性或长期贷款的信用分析和财务预测来评估还款能力，集中分析客户未来现金流量的风险；③贷款组合管理的限制；④银行或借款企业的相关法律或监督条款的限制；⑤银行的客户政策；⑥客户关系管理因素。

第三节　贷款审查事项及审批要素

真考解读 属于必考点，一般会考1道题。

一、贷款审查事项（重点掌握）

项目	内容
概念	贷款审查事项指在贷款审查过程中应特别关注的事项。
基本内容	贷款审查应坚持“了解你的客户”“了解你客户的业务”“了解你客户的风险”原则。 （1）信贷资料完整性及调查工作与申报流程的合规性审查。 （2）信贷业务政策符合性审查。 ①借款用途是否合法合规，是否符合国家宏观经济政策、产业行业政策、土地、环保和节能政策以及国家货币信贷政策等。 ②客户准入及借款用途是否符合银行区域、客户、行业、产品等信贷政策。 ③借款人的信用等级评定、授信额度核定、定价、期限、支付方式等是否符合银行信贷政策制度。 （3）借款人主体资格及基本情况审查。 ①借款人主体资格及经营资格的合法性，贷款用途是否在其营业执照规定的经营范围内。 ②借款人股东的实力及注册资金的到位情况，产权关系是否明晰，法人治理结构是否健全。 ③借款人申请贷款是否履行了法律法规或公司章程规定的授权程序。 ④借款人的银行及商业信用记录以及法定代表人和核心管理人员的背景、主要履历、品行和个人信用记录。 （4）财务因素审查。 （5）非财务因素审查。 非财务因素审查主要包括借款人的企业性质、发展沿革、品质、组织架构及公司治理、经营环境、所处的行业市场分析、行业地位分析、产品定价分析、生产及技术分析、客户核心竞争能力分析等。 （6）担保审查。 （7）充分揭示信贷风险。 （8）提出审查结论。

典型真题

【多选题】下列贷款非财务因素审查内容中，属于借款人主体资格及基本情况审查的有(　　)。

A. 借款人申请贷款是否履行了法律法规或公司章程规定的授权程序

B. 借款人法定代表人的个人信用记录

C. 保证人的对外担保情况

D. 担保方式的合法、足值、有效性

E. 借款人的股东实力及注册资金的到位情况

【答案】ABE【解析】借款人主体资格及基本情况审查：①借款人主体资格及经营资格的合法性，贷款用途是否在其营业执照规定的经营范围内；②借款人股东的实力及注册资金的到位情况，产权关系是否明晰，法人治理结构是否健全；③借款人申请贷款是否履行了法律法规或公司章程规定的授权程序；④借款人的银行及商业信用记录以及法定代表人和核心管理人员的背景、主要履历、品行和个人信用记录。

二、贷款审批要素（掌握）

真考解读 属于常考点，一般会考1道题。

项目	内容
门类	贷款审批要素具体包括授信对象、贷款品种、贷款金额、贷款利率、担保方式、贷款用途、贷款期限、贷款币种、发放条件与支付方式、还款计划安排及贷后管理要求等。
审定要点	（1）授信对象。 ①固定资产贷款和流动资金贷款的授信对象是企事业法人或国家规定可以作为借款人的其他组织。 ②项目融资的授信对象主要为建设、经营该项目或为该项目融资而专门组建的企事业法人。 （2）信贷品种[解读]：信贷品种应与业务用途、客户结算方式、客户风险状况及银行信贷政策相匹配。 （3）贷款金额。 ①流动资金贷款需求量参考《流动资金贷款管理暂行办法》提供的方法进行测算。 ②固定资产贷款需求量根据项目经审核确定的总投资、拟定且符合法规要求的资本金比例及其他资金来源构成等加以确定。 ③考虑承贷能力。 （4）贷款用途。 贷款审批人员应该分析授信申报方案所提出的贷款用途。

解读 信贷品种属于常考点。

续 表

项目	内容
审定要点	（5）贷款期限。 ①符合相应信贷品种有关期限的规定。 ②控制在借款人相应经营的有效期限内。 ③与借款人资产转换周期及其他特定还款来源的到账时间相匹配。 ④与借款人的风险状况及风险控制要求相匹配。 （6）贷款币种。 ①尽可能与贷款项下交易所使用的结算币种及借款人还款来源币种相匹配。 ②充分考虑贷款币种与还款来源币种错配情况下所面临的相关风险及风险控制。 （7）贷款利率。 ①符合国家规定。 ②应与借款人及信贷业务的风险状况相匹配，体现收益覆盖风险的原则。 ③考虑所在地同类信贷业务的市场价格水平。 （8）发放条件。 贷款人与借款人协商补充贷款发放和支付条件，或根据合同约定停止贷款资金的发放和支付的情形：①信用状况下降；②不按合同约定支付贷款资金；③项目进度落后于资金使用进度；④违反合同约定，以化整为零的方式规避贷款人受托支付。 【提示】资本金与贷款同比例足额到位是固定资产贷款和项目融资的最低条件。 （9）担保方式：担保方式应满足合法合规性要求；担保应具备足值性；担保应具备可控性；担保应具备可执行性及易变现性。 （10）支付要求：根据不同情况采取受托支付或自主支付。 （11）贷后管理要求：根据借款人及相关授信业务的风险特征进行分类管理。

典型真题

【单选题】 下列关于商业银行贷款审批要素的表述中，错误的是(　　)。

A. 贷款币种无须与贷款项下交易所使用的结算币种及借款人还款来源币种相匹配

B. 贷款审批人应分析授信申报方案所提出的贷款用途是否明确、具体

C. 贷款利率的确定应考虑所在地同类信贷业务的市场价格水平

D. 银行可针对借款人及相关授信业务的风险特征，提出相应的贷后管理要求

【答案】 A **【解析】** 贷款币种应尽可能与贷款项下交易所使用的结算币种及借款人还款来源币种相匹配，并充分考虑贷款币种与还款来源币种错配情况下所面临的相关风险及风险控制。

章节练习

一、单选题（以下各小题所给出的四个选项中，只有一项符合题目要求，请选择相应选项，不选、错选均不得分）

1. 商业银行应兼顾信贷风险控制和提高审批效率两方面的要求，合理确定授权金额及行权方式，以实现集权与分权的平衡。这是信贷授权应遵循的(　　)原则。

   A. 权责一致　　B. 差别授权　　C. 动态调整　　D. 授权适度

2. 下列关于商业银行审贷制度的表述中，错误的是(　　)。

   A. 审查人员应具备经济、财务、信贷、法律、税务等专业知识，并有丰富的实践经验
   B. 未通过有权审批机构审批的授信可以申请复议，但必须符合一定条件，且间隔时间不能太短
   C. 如贷款审查人员对贷款发放持否定态度，可以终止该笔贷款的信贷流程
   D. 授信审批应按规定权限、程序进行，不得违反程序、减少程序或逆程序审批授信业务

3. 商业银行的信贷决策权可以由(　　)行使。

   A. 贷款调查人员　　B. 贷款审查委员会
   C. 银行客户经理　　D. 贷款审查人员

4. 商业银行评价借款人还款能力应主要关注(　　)。

   A. 现金流量状况　　B. 现有资产价值　　C. 重新筹资能力　　D. 担保落实情况

5. 商业银行在贷款审查中，审查借款用途是否合法合规，是否符合国家宏观经济政策、产业行业政策等，这属于(　　)审查。

   A. 信贷资料完整性及调查工作与申报流程的合规性
   B. 借款人主体资格及基本情况
   C. 信贷业务政策符合性
   D. 非财务因素

二、多选题（以下各小题所给出的五个选项中，有两项或两项以上符合题目的要求，请选择相应选项，多选、少选、错选均不得分）

1. 信贷授权应遵循的基本原则包括(　　)。

   A. 动态调整原则　　B. 授权适度原则　　C. 权责一致原则
   D. 效率优先原则　　E. 差别授权原则

2. 决定授信额度的因素包括(　　)。

   A. 银行的客户政策　　B. 银行或借款企业的法律或监督条款的限制
   C. 客户的还款能力　　D. 关系管理因素
   E. 贷款组合管理的限制

3. 固定资产贷款在发放和支付过程中，借款人出现(　　)情形的，贷款人应与借款人协商补充贷款发放和支付条件，或根据合同约定停止贷款资金的发放和支付。

   A. 项目进度落后于资金使用进度　　B. 管理层变化
   C. 信用状况下降　　D. 不按合同约定支付贷款资金
   E. 违反合同约定，以化整为零的方式规避贷款人受托支付

三、判断题（请对以下各项描述作出判断，正确的为A，错误的为B）

1. 在商业银行信贷授权管理中，对内授权与对外授信密切相关。对内合理授权是商业银行对外合格授信的前提和基础。（　　）

   A. 正确　　　　B. 错误

2. 转授权指商业银行总部对总部相关授信业务职能部门或直接管理的经营单位授予全部或部分信贷审批权限。（　　）

   A. 正确　　　　B. 错误

答案详解

一、单选题

1. D【解析】授权适度原则指银行业金融机构应兼顾信贷风险控制和提高审批效率两方面的要求，合理确定授权金额及行权方式，以实现集权与分权的平衡。实行转授权的，在金额、种类和范围上均不得大于原授权。

2. C【解析】审查人员无最终决策权，即使其对贷款发放持否定态度，也应按正常的信贷流程继续进行审批。最终审批人参考审查员意见后，对是否批准贷款提出明确的意见。信贷决策权应由贷款审查委员会或最终审批人行使。

3. B【解析】信贷决策权应由贷款审查委员会或最终审批人行使。

4. A【解析】客户的还款能力主要取决于客户的现金流。只有当客户在一定期限内的现金流入大于或等于现金流出时，我们才认为其具有还款能力。在实际操作中，银行可以通过对季节性或长期贷款的信用分析和财务预测来评估还款能力，集中分析客户未来现金流量的风险。

5. C【解析】借款用途是否合法合规，是否符合国家宏观经济政策、产业行业政策、土地、环保和节能政策以及国家货币信贷政策等，这属于信贷业务政策符合性审查的内容。

二、多选题

1. ABCE【解析】信贷授权应遵循的基本原则：①授权适度原则；②差别授权原则；③动态调整原则；④权责一致原则。

2. ABCDE【解析】贷款授信额度是在对以下因素进行评估和考虑的基础上决定的：①了解并测算客户的信贷需求；②客户的还款能力；③银行或借款企业的相关法律或监督条款的限制；④贷款组合管理的限制；⑤银行的客户政策；⑥关系管理因素，相对于其他银行或债权人，银行愿意提供给借款企业的信贷数额占比。

3. ACDE【解析】固定资产贷款在发放和支付过程中，借款人出现以下情形的，贷款人应与借款人协商补充贷款发放和支付条件，或根据合同约定停止贷款资金的发放和支付：①信用状况下降；②不按合同约定支付贷款资金；③项目进度落后于资金使用进度；④违反合同约定，以化整为零方式规避贷款人受托支付。

三、判断题

1. A【解析】信贷授权是银行业金融机构信贷管理和内部控制的基本要求，旨在健全内部控制体系，增强防范和控制风险的能力，并有利于优化流程、提高效率，以实现风险收益的最优化。对内授权与对外授信密切相关。对内合理授权是银行业金融机构对外优质高效授信的前提和基础。

2. B【解析】转授权指受权的经营单位在总部直接授权的权限内，对本级行各有权审批人、相关授信业务职能部门和所辖分支机构转授一定的授信审批权限。根据贷款新规规定，贷款人应建立健全内部审批授权与转授权机制。审批人员应在授权范围内按规定流程审批贷款，不得越权审批。

第八章　贷款合同与发放支付

应试分析

本章主要介绍贷款合同与管理、贷款的发放及贷款支付。在历次考试中，本章均属于重点考查章节，涉及的分值约为 11 分。本章的重点是贷款合同签订、贷款合同管理、实贷实付和受托支付及自主支付。考生在学习本章时，要结合实务熟练掌握贷款合同的签订流程和管理要点，贷款发放原则、条件和审查流程及贷款支付的类型、各类支付方式的条件和操作要点。

思维导图

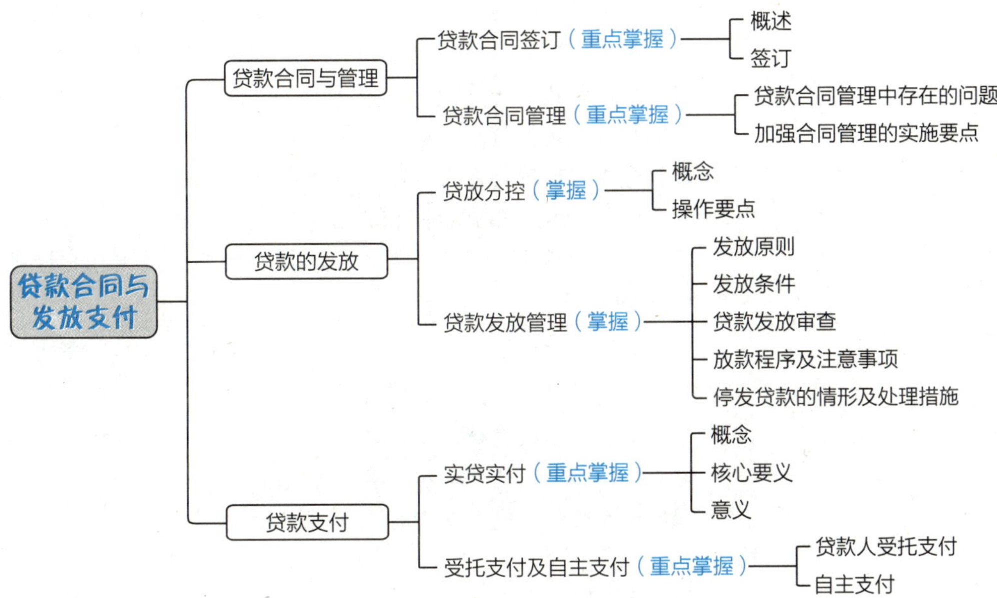

微信扫码关注
畅享在线做题

微信扫码关注
获取免费直播课

知识精讲

第一节　贷款合同与管理

真考解读 属于必考点，一般会考1道题。

一、贷款合同签订（重点掌握）

项目	内容
贷款合同概述	（1）概念：贷款合同指可以作为贷款人的银行业金融机构与借款人、担保人之间就贷款的发放与收回等相关事宜签订的规范借贷及担保各方权利义务的书面法律文件。 （2）内容：主要包括当事人的名称（姓名）和住所、币种、贷款种类、贷款利率、贷款期限、贷款用途、贷款金额、还款方式、担保方式、违约责任、借贷双方的权利与义务等。根据贷款新规的相关规定，贷款人应在合同中与借款人约定提款条件以及贷款资金支付接受贷款人管理等与贷款使用相关的条款。 （3）分类：格式合同和非格式合同。 （4）制定原则：不冲突原则；维权原则；适宜相容原则；完善性原则。
贷款合同签订	借款人的承诺内容包括贷款项目及其借款事项符合法律法规的要求；及时向贷款人提供完整、真实、有效的材料；配合贷款人对贷款的相关检查；发生影响其偿债能力的重大不利事项时及时通知贷款人；进行合并、分立、股权转让、对外投资、实质性增加债务融资等重大事项前征得贷款人同意等。 （1）填写合同。 ①合同文本应该使用统一的格式，有特殊要求的可在合同中约定。 ②合同填写必须做到标准、规范、要素齐全、数字正确、字迹清晰、不错漏、不潦草，防止涂改。 ③需要填写空白栏且空白栏后有备选项的，在横线上填好选定的内容后，对未选的内容应加横线表示删除；合同条款有空白栏，但根据实际情况不准备填写内容的，应加盖“此栏空白”字样的印章。 ④贷款金额、贷款期限、贷款利率、担保方式、还款方式、划款方式等条款要与贷款最终审批意见一致。 （2）审核合同[解读1]。 ①合同文本复核人员在复核中发现问题时应及时与合同填写人员沟通，并建立复核记录，交由合同填写人员签字确认。

解读1 合同填写完毕后，填写人员应及时将合同文本交合同复核人员进行复核。同笔贷款的合同填写人与合同复核人不得为同一人。

续　表

项目	内容
贷款合同签订	②复核内容包括文本书写是否规范；内容是否与审批意见一致；合同条款填写是否齐全、准确；文字表达是否清晰；主从合同及附件是否齐全等。 (3) 签订合同。 ①履行充分告知义务。 ②担保人签字。 a. 担保人为自然人的，应在当面核实签约人身份证明之后由签约人当场签字；签约人委托他人代理的，代理人必须提交委托人委托其代理并经公证的委托授权书。 b. 借款人、担保人为法人的，加盖法人公章保证方签字并由其法定代表人或其授权代理人签字，授权代理人必须提供有效的书面授权文件。 ③采取抵押担保方式的，抵押物共有人在相关合同文本上签字。 ④银行有权签字人审查通过后，盖上个人印章及贷款合同专用章。 ⑤银行根据实际情况自主决定合同公证与否。

典型真题

【判断题】 商业银行合同填写人在贷款合同填写完毕后，应及时将合同文本交合同复核人员进行复核，同笔贷款的合同填写人与合同复核人不得为同一人。(　　)

A. 正确　　　　B. 错误

【答案】 A **【解析】** 合同填写完毕后，填写人员应及时将合同文本交合同复核人员进行复核。同笔贷款的合同填写人与合同复核人不得为同一人。

二、贷款合同管理（重点掌握）

真考解读 属于必考点，一般会考1道题。

项目	内容
贷款合同管理中存在的问题	(1) 贷款合同存在不合规、不完备等缺陷。 ①对借款人未按照约定用途使用贷款资金约束不力。 ②未明确约定银行提前收回贷款以及解除合同的条件。 ③未明确约定罚息的计算方法。 ④担保方式的约定不明确、不具体。 (2) 签约过程违规操作。 ①对借款人基本信息重视程度不够。

解读2 如果办理共有财产抵押手续时未取得财产共有人书面同意，或以未成年人财产抵押、法律法规禁止设定抵押的财产设定抵押等，很可能会导致抵押权无法实现。

解读3 银行业金融机构应定期对合同的使用、管理等情况进行检查。对检查中发现的问题应当及时整改。

续 表

项目	内容
贷款合同管理中存在的问题	②对有权签约人主体资格审查不严。 ③抵押手续不完善或抵押物不合格。解读2 （3）合同签署前审查不严。 根据《民法典》的规定，违反法律、行政法规的强制性规定，或行为人与相对人以虚假的意思表示等，均可能会导致民事法律行为无效。 如果银行与借款人之间形成的借贷法律关系无效或效力待定，会对银行保全债权产生不确定性。 （4）履行合同监管不力。 ①借款合同的变更不符合法律规定。 ②扣款侵权，引发诉讼。 （5）合同救济超时。 ①根据《民法典》第一百八十八条的规定，向人民法院请求保护民事权利的诉讼时效期间为3年。 ②《民法典》第四百一十九条规定，抵押权人应当在主债权诉讼时效期间行使抵押权；未行使的，人民法院不予保护。
加强合同管理的实施要点解读3	（1）修订和完善贷款合同等协议文件。 （2）加强贷款合同规范性审查管理。 ①合同文本选用正确。 ②在合同中落实的审批文件所规定限制性条件准确、完备。 ③格式合同文本的补充条款合规。 ④主从合同及凭证等附件齐全且相互衔接。 ⑤合同的填写符合规范要求。 ⑥一式多份合同的形式内容一致。 ⑦其他应当审查的规范性内容。 （3）建立完善有效的贷款合同管理制度。 （4）实施履行监督、归档、检查等管理措施。 （5）做好有关配套和支持工作。 ①做好内部管理部门和岗位的设置和分工。 ②做好教育培训工作。

典型真题

【单选题】 商业银行在发放抵押贷款时，可能会因为抵押手续不完善或抵押物不合格而导致抵押权无法实现，下列选项中，不属于此类问题的是（　　）。

A. 以未成年人财产抵押

B. 抵押物出现经济性贬值

C. 办理共有财产抵押手续时未取得财产共有人书面同意

D. 以法律法规禁止设定抵押的财产设定抵押

【答案】B【解析】抵押手续不完善或抵押物不合格的情形：如果办理共有财产抵押手续时未取得财产共有人书面同意，或以未成年人财产抵押、法律法规禁止设定抵押的财产设定抵押等，很可能会导致抵押权无法实现。

第二节 贷款的发放

一、贷放分控（掌握）

真考解读 属于常考点，一般会考1道题。

（一）概念

贷放分控指银行业金融机构将贷款审批与贷款发放作为两个独立的业务环节，分别进行管理和控制。

（1）“贷”指信贷业务流程中贷款调查、贷款审查和贷款审批（区别贷款发放与支付环节）等环节。

（2）“放”指放款，特指贷款审批通过后，由银行通过审核，将符合放款条件的贷款发放或支付出去的业务环节。

（二）操作要点

项目	内容
设立独立的放款执行部门（责任部门）	放款执行部门应独立于前台营销部门及中台授信审批部门。
明确放款执行部门的职责	（1）核心职责：贷款发放和支付的审核，集中统一办理授信业务发放，专门负责对已获批准的授信业务在实际发放过程中操作风险的监控和管理工作。 （2）主要职能。 ①审核银行内部授信流程的合法性、合规性、完整性和有效性。 具体内容包括银行内部授信业务流程是否合规，批准手续是否合法、齐备；银行授信业务审批文书是否在有效期内；银行授信文件及其内容是否完善；银行授信档案中各类文件要素是否一致；是否经有权签批人签署意见等。 ②核准放款前提条件。 a. 审核合规性要求的落实情况：是否已提供项目的审批、核准或备案文件，项目用地批复，项目环评批复等。

续 表

项目	内容
明确放款执行部门的职责	b. 审核限制性条款的落实情况：办理具体贷款业务品种、额度、期限及保证金比例的要求；贷款担保方面的要求；对资产负债率等核心偿债能力、流动性、盈利性等财务指标的要求；贷款支付金额、支付对象的要求；对外担保的限制；资本出售的限制；资本性支出的限制；股东分红的限制；兼并收购的限制；交叉违约的限制；偿债优先权的要求；配合贷后管理的要求；确定借款人的交易对手名单、交易商品，必要时限定交易商品价格波动区间和应收账款账龄；锁定借款人贷款对应的特定还款来源，提出明确还款来源、监督客户物流与现金流的具体措施，并落实贷款的贷后管理责任人；其他限制性条件。 c. 核实担保的落实情况：担保人的担保行为是否合规，担保资料是否完整、合规、有效；是否已按要求进行核保，核保书内容是否完整、准确；抵（质）押率是否符合规定；是否已按规定办理抵（质）押登记；抵（质）押登记内容与审批意见、抵（质）押合同、抵（质）押物清单、抵（质）押物权属资料是否一致；是否已办理抵（质）押物保险，保险金额是否覆盖信贷业务金额等。 d. 审核审批日至放款核准日期间借款人重大风险变化情况：借款人是否存在贷款严重违规行为；是否涉嫌提供虚假会计信息或因其他违法违规行为被监管部门查处；高管是否存在非正常死亡、失踪或涉嫌违反法律法规案件被查处情况；国家最新制度变化是否对客户生产经营产生重大影响。 e. 审核资本金同比例到位的落实情况。 项目进度审核中，应关注的特殊情况：对于投资额大、技术复杂、按照项目进度分期付款的固定资产投资项目，贷款人一般要求借款人提供有监理、评估、质检等第三方机构参与签署的确认项目进度和质量的书面文件；对于因物价、运输等原因须提前采购部分建设用料的，要着重审核其提前采购的合理性，并关注其对外付款时间；对于房地产开发贷款，要在贷款合同中明确银行参与项目的监督，借款人提款原则上遵循“逐笔审核，形成资产才可提款支付”的原则。 f. 审核提款申请是否与贷款约定用途一致。 ③控制客户的授信额度，审核提款是否在批准的授信额度内，是否在授信约定的提款期限内。 ④其他职责：参与贷后管理工作。

续 表

项目	内容
建立并完善对放款执行部门的考核和问责机制	（1）维护放款执行部门的独立性。 （2）建立并完善放款执行部门的考核和问责机制。 （3）建立正向激励考核机制和问责机制。

典型真题

【单选题】下列关于商业银行放款执行部门职责的表述，错误的是（　　）。

A. 审核银行授信业务审批文书是否在有效期

B. 审核提款金额与项目进度的匹配情况

C. 审核放款条件的落实情况

D. 审核借款人开户资料

【答案】D【解析】放款执行部门的核心职责是贷款发放和支付的审核，集中统一办理授信业务发放，专门负责对已获批准的授信业务在实际发放过程中的操作风险进行监控和管理。其主要职能如下：①审核银行内部授信流程的合法性、合规性、完整性和有效性；②核准放款前提条件；③控制客户的授信额度，审核提款是否在批准的授信额度内，是否在授信约定的提款期限内；④其他职责。

二、贷款发放管理（掌握）

真考解读 属于常考点，一般会考1道题。

项目	内容
发放原则	（1）计划、比例放款原则。 ①银行应按照已批准的贷款项目年度投资计划所规定的建设内容、费用，准确、及时提供贷款。 ②借款人用于建设项目的其他资金（自筹资金和其他银行贷款）应先于贷款或与贷款同比例支用。 （2）进度放款原则：固定资产贷款发放时，银行应按照完成工程量的多少进行付款（特殊情况可提前申请）。 （3）资本金足额原则。 ①即使因特殊原因不能按时足额到位，贷款支取的比例也应同步低于借款人资本金到位的比例。 ②原则上贷款不能用于借款人的资本金、股本金和企业其他需自筹资金的融资。
发放条件	（1）先决条件。 ①首次放款的先决条件文件包括下列文件类型[解读1]。 a. 贷款类文件包括借贷双方已正式签署的借款合同；银行之间已正式签署的贷款协议（多用于银团贷款）。

解读1 常考点：区别不同类型的文件。

续 表

项目	内容
发放条件	b. 担保类文件包括已正式签署的保证协议；已正式签署的抵（质）押协议；已正式签署的保证协议；保险权益转让相关协议或文件；其他必要性文件。 c. 借款人及保证人（如有）文件包括企业法人营业执照、批准证书、成立批复；公司章程；全体董事的名单及全体董事的签字样本；就同意签署并履行相关协议而出具的《董事会决议》（包括保证人）；就授权有关人士签署相关协议而出具的《授权委托书》以及有关人士的签字样本（包括保证人）；其他必要文件的真实副本或复印件。 d. 与项目有关的协议包括已正式签署的合营合同；已正式签署的建设合同或建造合同；已正式签署的技术许可合同；已正式签署的商标和商业名称许可合同；已正式签署的培训和实施支持合同；已正式签署的土地使用权出让合同；其他必要文件合同。 e. 与登记、批准、备案、印花税有关的文件包括借款人所属国家主管部门就担保文件出具的同意借款人提供该担保的文件；海关部门就同意抵押协议项下进口设备抵押出具的批复文件；房地产登记部门就抵押协议项下房地产抵押颁发的房地产权利及其他权利证明；工商行政管理局就抵押协议项下机器设备抵押颁发的企业动产抵押物登记证；车辆管理部门就抵押协议项下车辆抵押颁发的车辆抵押登记证明文件；已缴纳印花税的缴付凭证；贷款备案证明。 f. 其他类文件包括政府主管部门出具的同意项目开工批复；项目土地受用、规划、工程设计方案的批复文件；贷款项目（概）预算资金（包括自筹资金）已全部落实的证明；对建设项目的投保证明；股东或政府部门出具的支持函；会计师事务所出具的验资报告和注册资本占用情况证明；法律意见书；财务报表；其他的批文、许可或授权、委托、费用函件等。 ②首次放款之后通常提供的文件类型。 a. 提款申请书。 b. 借款凭证。 c. 银行认可的工程进度报告和成本未超支的证明。 d. 贷款用途证明文件。 e. 其他贷款协议规定的文件。 （2）完善担保手续。 ①对于提供抵（质）押担保的：办理登记或备案手续→不能办理登记或备案的，交银行保管并进行公证→注意生效前提条件，规避担保风险。

续　表

项目	内容
发放条件	②对于有权出具不可撤销保函或备用信用证的境外金融机构以外的其他境外法人、组织或个人担保的保证，必须就保证的可行性、保证合同等有关文件征询银行指定律师的法律意见，获得书面法律意见，并完善保证合同、其他保证文件及有关法律手续后，才能允许借款人提款。 ③对于以金融机构出具的不可撤销保函或备用信用证做担保的，应在收妥银行认可的不可撤销保函或备用信用证正本后，才能允许借款人提款。
贷款发放审查	（1）贷款合同审查。 ①保证合同：借款人履行债务的期限、被保证的贷款数额、保证的方式、保证期间、保证担保的范围、双方认为需要约定的其他事项。 ②贷款合同：贷款种类、贷款利率、借款用途、借款金额、还款方式、还款期限、违约责任和双方认为需要约定的其他事项。 ③抵押合同：抵押物的名称、所在地、质量、数量、状况、所有权权属或使用权权属及抵押的范围；抵押贷款的种类和数额；抵押物是否在有关部门办理登记；借款人履行贷款债务的期限；当事人认为需要约定的其他事项。 ④质押合同：质物的名称、数量、质量；质押担保的范围；质物移交的时间；质物生效的时间；质押担保的贷款数额；借款人履行债务的期限；当事人认为需要约定的其他事项。 （2）提款金额与期限审查：审查确认拟提款金额是否在合同可提款金额内。 （3）用款申请材料检查。 ①审核借款凭证。 ②变更提款计划及承担费的收取。 ③审查和监督借款人的借款用途和提款进度。[解读2] （4）账户审查：审查有关的提款、还本付息或其他专用账户。 （5）提款申请书审查：核查提款日期、提款金额、划款途径等要素。
放款程序及注意事项	（1）操作程序。 ①借款人按合同要求提交提款申请和其他有关资料。 ②银行受理借款人提款申请书。 ③贷款发放审查。 ④有关用款审批资料按内部审批流程经有权签字人签字同意。

解读2提款期满之前，将借款人应提未提的贷款额度通知借款人。

续 表

项目	内容
放款程序及注意事项	⑤按账务处理部门的要求提交审批及相关用款凭证办理提款手续。 ⑥所提贷款款项入账后，向账务处理部门索取有关凭证，入档案卷保存。 ⑦建立台账并在提款当日记录。 （2）注意事项。 ①借款人是否已办理开户手续。 ②提款日期、金额及贷款用途是否与合同一致。 ③是否按中国人民银行征信系统的要求及时更新数据信息并发送。 ④外汇贷款及境外融资转贷款等是否按国家外汇管理局的要求报送数据。
停发贷款的情形及处理措施	（1）挪用贷款的情形。 ①用贷款进行股本权益性投资（并购贷款除外）。 ②用贷款在有价证券、期货方面从事投机经营。 ③未依法取得经营房地产资格的借款人挪用贷款经营房地产业务。 ④套取贷款相互借贷谋取非法收入。 ⑤借款企业挪用流动资金搞基本建设或用于其他不符合合同约定的用途。 （2）其他违约情况。 ①未按合同规定清偿贷款本息。 ②违反国家政策法规，使用贷款进行非法经营。 （3）处置措施。 ①停止借款人提款或取消借款人尚未提用的借款额度。 ②要求借款人限期纠正违约事件。 ③宣布借款人在与银行签订的其他贷款合同项下的借款本息立即到期，要求借款人立即偿还贷款本息及费用。 ④宣布贷款合同项下借款本息全部立即到期，根据合同约定立即从借款人在银行开立的存款账户中扣款用于偿还被银行宣布提前到期的所欠全部债务。

典型真题

【单选题】 商业银行应按已批准的贷款项目年度投资计划所规定的建设内容、费用，准确、及时地提供贷款。这符合银行贷款发放的(　　)原则。

A. 计划、比例放款　　　　B. 实贷实付

C. 资本金足额　　D. 适宜相容

【答案】A【解析】贷款发放的计划、比例放款原则指银行应按照已批准的贷款项目年度投资计划所规定的建设内容、费用，准确、及时地提供贷款。借款人用于建设项目的其他资金（自筹资金和其他银行贷款）应与贷款同比例支用。

第三节　贷款支付

一、实贷实付（重点掌握）

真考解读 属于必考点，一般会考1道题。

项目	内容
概念	实贷实付指银行业金融机构根据贷款项目进度和有效贷款需求，在借款人需要对外支付贷款资金时，根据借款人的提款申请以及支付委托，将贷款资金主要通过贷款人受托支付的方式，支付给符合合同约定的借款人交易对象的过程。
核心要义	（1）受托支付是实贷实付的重要手段。 （2）满足有效信贷需求是实贷实付的根本目的。 （3）按进度发放贷款是实贷实付的基本要求。 （4）协议承诺是实贷实付的外部执行依据。
意义	（1）有利于将信贷资金引入实体经济。 （2）有利于加强贷款使用的精细化管理。 （3）有利于银行业金融机构管控信用风险和法律风险。

典型真题

【单选题】下列有关商业银行实贷实付的表述，错误的是（　　）。

A. 协议承诺是实贷实付的外部执行依据

B. 按进度发放贷款是实贷实付的基本要求

C. 满足有效信贷需求是实贷实付的根本目的

D. 自主支付是实贷实付的重要手段

【答案】D【解析】受托支付是实贷实付的重要手段。

二、受托支付及自主支付（重点掌握）

真考解读 属于必考点，一般会考1道题。

项目	内容
贷款人受托支付解读1	（1）概念：贷款人受托支付指贷款人在确认借款人满足贷款合同约定的提款条件后，根据借款人的提款申请和支付委托，将贷款资金通过借款人账户支付给符合合同约定用途的借款人交易对象。

解读1 原则上应采用受托支付方式的流动资金贷款包括与借款人新建立信贷业务关系且借款人信用状况一般；支付对象明确且单笔支付金额较大；贷款人认定的其他情形。

续　表

<table>
<tr><th>项目</th><th>内容</th></tr>
<tr><td>贷款人受托支付</td><td>（2）意义。
①贷款人受托支付是实贷实付的主要体现方式，最能体现实贷实付的核心要求。
②有效控制贷款用途、保障贷款资金安全。
③有利于保护借款人权益。
（3）条件。
①《流动资金贷款管理暂行办法》要求贷款人应根据借款人的行业特征、经营规模、管理水平、信用状况等因素和贷款业务品种，合理约定贷款资金支付方式及贷款人受托支付的金额标准。
②《固定资产贷款管理暂行办法》规定的刚性条件包括对单笔金额超过项目总投资5%或超过500万元人民币的贷款资金支付，应采用贷款人受托支付方式。
（4）受托支付的操作要点。
①明确借款人应提交的资料要求。
a. 要求借款人提供提款通知书、借据。
b. 要求借款人提交贷款用途证明材料：交易合同、货物单据、共同签证单、付款文件等。
c. 借款人应提供受托支付所需的相关业务凭证，如汇款申请书等。
②明确支付审核要求：借款人所填列账户基本信息是否完整、准确；放款核准情况；资金用途；其他需要审核的内容。
③完善操作流程。
④合规使用放款专户。</td></tr>
<tr><td>自主支付解读2</td><td>（1）概念：自主支付指贷款人在确认借款人满足合同约定的提款条件后，根据借款人的提款申请将贷款资金发放至借款人账户后，由借款人自主支付给符合合同约定用途的借款人交易对象。
（2）操作要点。
①明确贷款发放前的审核要求。
②加强贷款资金发放和支付的核查。
a. 分析借款人是否按约定的金额和用途实施了支付。
b. 判断借款人实际支付清单的可信性。
c. 借款人实际支付是否符合约定的贷款用途。
d. 借款人实际支付是否超过约定的借款人自主支付的金额标准。
e. 借款人实际支付清单与计划支付清单的一致性，不一致的应分析原因。
f. 借款人是否存在化整为零规避贷款人受托支付的情形。
g. 其他需要审核的内容。</td></tr>
</table>

解读2 借款人自主支付方式下，借款人提出提款申请后，贷款人应审核借款人提交的用款计划或用款清单所列用款事项是否符合约定的贷款用途，计划或用款清单中的贷款资金支付是否超过贷款人受托支付起付标准或条件。

续 表

项目	内容
自主支付	③审慎合规地确定贷款资金在借款人账户的停留时间和金额。 a. 应遵从实贷实付原则，既要方便借款人资金支付，又要控制贷款用途[解读3]。 b. 应遵守贷款与资本金同比例到位的基本要求，不得提前放贷。 (3) 注意事项。 ①自主支付是受托支付的补充，受托支付（主要方式）是监管部门倡导和符合国际通行做法的支付方式。 ②自主支付对于借款人使用贷款设定了相关的措施限制，不同于传统意义上的实贷实存。

解读3 借款人自主支付方式并不排斥贷款人对贷款资金用途的控制。

典型真题

【单选题】单笔金额超过项目总投资(　　)的固定资产贷款资金支付，应采用贷款人受托支付方式。

A. 8%　　B. 10%　　C. 5%　　D. 3%

【答案】C【解析】对单笔金额超过项目总投资5%或超过500万元人民币的贷款资金支付，应采用贷款人受托支付方式。

章节练习

一、单选题（以下各小题所给出的四个选项中，只有一项符合题目要求，请选择相应选项，不选、错选均不得分）

1. 下列关于商业银行与借款人、担保人签订合同的表述中，错误的是(　　)。
   A. 如签约人委托他人代替签字，则签字人必须出具委托人委托其签字并经公证的委托授权书
   B. 如保证人为法人，保证方签字人应为其法定代表人或其授权代理人，授权代理人必须提供有效的书面或口头授权
   C. 对采取抵押担保方式的，应要求抵押共有人在相关合同文本上签字
   D. 如借款人为自然人，则应在当面核实签约人身份证明后由签约人当场签字
2. 商业银行负责审核贷款审批日至放款核准日期间借款人重大风险变化情况的部门是(　　)。
   A. 授信审批部门　　B. 放款执行部门
   C. 信贷营销部门　　D. 风险管理部门
3. 商业银行须审查建设项目的资本金是否已足额到位，这符合银行贷款发放的(　　)原则。
   A. 计划、比例放款　　B. 资本金足额
   C. 进度放款　　D. 适宜相容
4. 借款人自主支付方式下，借款人提出提款申请后，贷款人应审核借款人提交的用款计划或用

款清单所列用款是否符合约定的贷款用途，用款计划或用款清单中的贷款资金支付是否超过贷款人(　　)起付标准或条件。

A. 其他支付　　B. 自主支付　　C. 实贷实付　　D. 受托支付

5. 下列有关商业银行贷款发放审查事项的表述中，错误的是(　　)。

A. 公司业务部门应在借款人的提款额满之后，将借款人应提未提的贷款额度通知借款人

B. 借款人办理提款，应在提款日前填妥借款凭证，并加盖借款人在银行的预留印鉴

C. 借款人提款用途通常包括土建费用、工程设备款、购买商品费用、支付劳务费用等

D. 在审查工作中，银行应通过可能的渠道了解借款人是否存在重复使用商务合同骗取不同银行贷款的现象

二、多选题（以下各小题所给出的五个选项中，有两项或两项以上符合题目的要求，请选择相应选项，多选、少选、错选均不得分）

1. 放款执行部门在审核项目贷款时，应审核的内容包括(　　)。

A. 合规性要求的落实情况　　B. 项目贷款定价的合理性

C. 资本金同比例到位落实情况　　D. 担保的落实情况

E. 限制性条款的落实情况

2. 商业银行办理信贷业务时，下列做法中正确的有(　　)。

A. 对于审批日至放款核准日间隔超过一定期限的，应审核此期间借款人是否发生重大风险变化

B. 借款人用于建设项目的其他资金应与贷款同比例支用

C. 贷款原则上可以用于借款人的资本金、股本金和企业其他须自筹资金的融资

D. 在项目贷款发放过程中，银行应按照完成工程量的进度发放贷款

E. 在审查担保类文件时，信贷人员应特别注意抵（质）押协议生效的前提条件

3. 在借款人自主支付方式下，应做到(　　)。

A. 无须审慎测算

B. 遵守贷款与资本金同比例到位的基本要求

C. 遵从实贷实付原则

D. 不得提前放贷

E. 既要方便借款人资金支付，又要控制贷款用途

三、判断题（请对以下各项描述作出判断，正确的为A，错误的为B）

1. 贷款原则上可以用于借款的资本金、股本金和企业其他须自筹资金的融资。(　　)

A. 正确　　B. 错误

2. 对于以金融机构出具的不可撤销保函或备用信用证做担保的贷款，商业银行在收妥银行认可的不可撤销保函或备用信用证副本后，才能允许借款人提款。(　　)

A. 正确　　B. 错误

答案详解

一、单选题

1. B【解析】如保证人为法人，保证方签字人应为其法定代表人或其授权代理人，授权代理人

必须提供有效的书面授权文件，而不能口头授权。

2. B【解析】放款执行部门负责审核审批日至放款核准日期间借款人重大风险变化情况。

3. B【解析】资本金足额原则指银行须审查建设项目的资本金是否已足额到位。即使因特殊原因不能按时足额到位，贷款支取的比例也应同步低于借款人资本金到位的比例。

4. D【解析】借款人自主支付方式下，借款人提出提款申请后，贷款人应审核借款人提交的用款计划或用款清单所列用款事项是否符合约定的贷款用途，用款计划或用款清单中的贷款资金支付是否超过贷款人受托支付起付标准或条件。经审核符合条件的，方可允许借款人采用自主支付方式。

5. A【解析】公司业务部门应在借款人的提款期满之前，将借款人应提未提的贷款额度通知借款人。

二、多选题

1. ACDE【解析】放款执行部门的主要审核内容：①合规性要求的落实情况；②限制性条款的落实情况；③担保的落实情况；④审批日至放款核准日期间借款人重大风险变化情况；⑤资本金同比例到位的落实情况；⑥申请提款金额是否与项目进度相匹配；⑦提款申请是否与贷款约定用途一致。

2. ABDE【解析】贷款原则上不能用于借款人的资本金、股本金和企业其他须自筹资金的融资。

3. BCDE【解析】在借款人自主支付方式下，应注意以下两点：一是应遵从实贷实付原则，既要方便借款人资金支付，又要控制贷款用途；二是应遵守贷款与资本金同比例到位的基本要求，不得提前放贷。因此，贷款人应审慎确定自主支付资金的金额和在借款人账户上的停留时间。

三、判断题

1. B【解析】贷款原则上不能用于借款人的资本金、股本金和企业其他须自筹资金的融资。

2. B【解析】在向借款人发放贷款前，银行必须按照批复的要求，落实担保条件，完善担保合同和其他担保文件及有关法律手续。对于以金融机构出具的不可撤销保函或备用信用证做担保的，应在收妥银行认可的不可撤销保函或备用信用证正本后，才能允许借款人提款。

第九章　贷后管理

应试分析

本章主要介绍对借款人的贷后监控、贷款用途及还款账户监控、担保管理、风险预警、信贷业务到期处理、档案管理。在历次考试中，本章属于重点章节，考查比重较高，涉及的分值约为12分。本章的重点是抵（质）押品管理、风险预警的相关概况、贷款偿还与提前还款、贷款展期处理和档案管理的相关内容。本章分为多个小节，考生需多花时间对本章进行学习，在熟悉整体框架结构的前提下，熟练掌握每个知识点，达到融会贯通。

思维导图

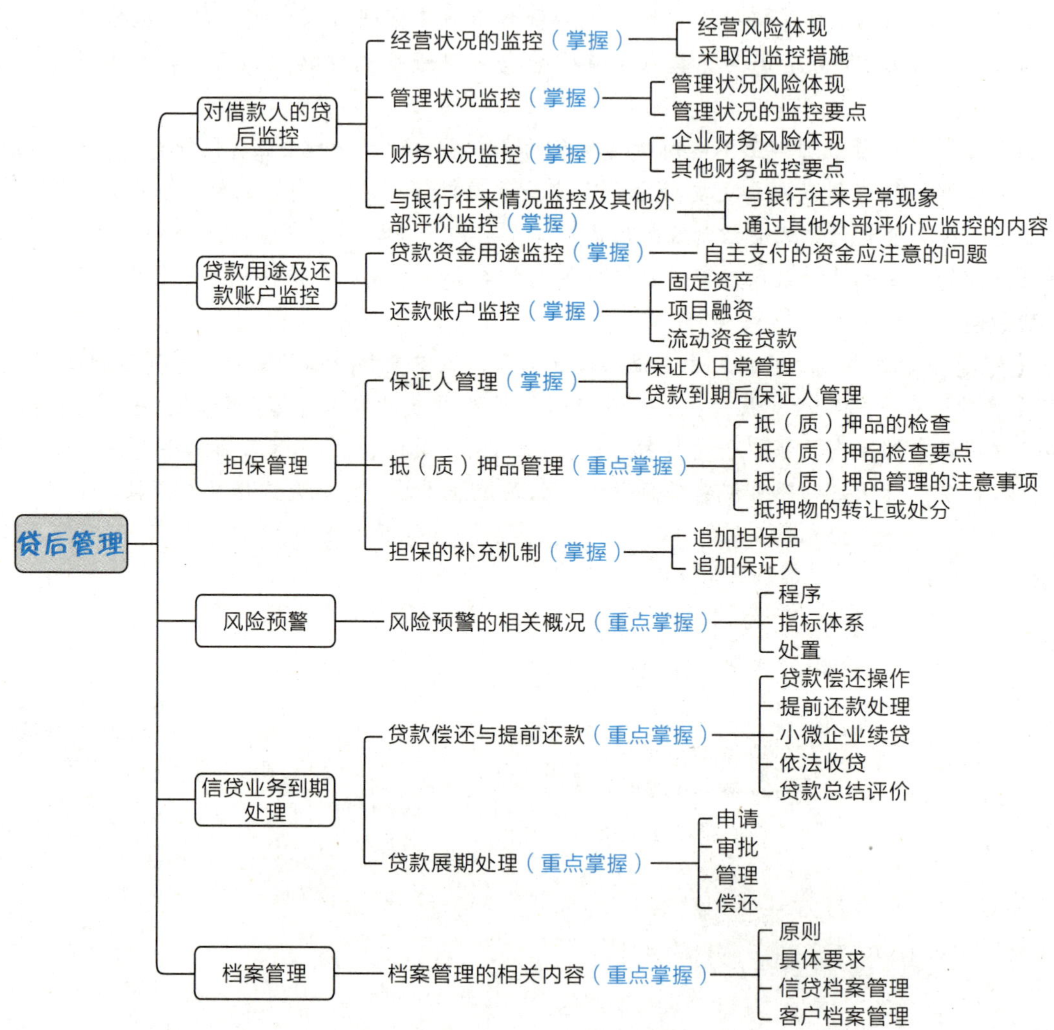

知识精讲

第一节 对借款人的贷后监控

一、经营状况的监控（掌握）

真考解读 属于常考点，一般会考1道题。

项目	内容
经营风险体现	（1）经营活动出现停产、半停产或经营停止状态。 （2）经营目标、业务性质或习惯做法改变。 （3）主要数据在行业统计中呈现出不利的变化或趋势。 （4）对生产销售和存货的控制力下降。 （5）不能适应市场变化或客户需求的变化。 （6）不能很好地履行所持有的大额订单合约。 （7）产品结构单一。 （8）兼营不熟悉的业务、新的业务或在不熟悉的地区开展业务。 （9）在供应链中的地位关系变化，如供应商不再供货或减少信用额度。 （10）对客户或供应商过分依赖，可能引起巨大的损失。 （11）购货商减少采购。 （12）流失一大批财力雄厚的客户。 （13）收购其他企业或者开设新销售网点，对销售和经营有明显影响。 （14）出售、变卖主要的生产性、经营性固定资产。 （15）厂房和设备更新缓慢，缺乏关键产品生产线。 （16）建设项目的可行性存在偏差，或计划执行出现较大的调整。 （17）产品质量、服务水平下降。 （18）企业的地点发生不利的变化或分支机构分布趋于不合理。 （19）遇到严重自然灾害或社会灾难。 （20）企业未实现预定的盈利目标。 （21）关联交易频繁，关联企业之间资金流动不透明或不能明确解释。
针对不同类型资产的贷款所采取的监控措施	（1）固定资产贷款：建立贷款质量监控制度和贷款风险预警体系。 （2）项目融资业务：贷款存续期间持续监测项目的建设和经营情况，定期对项目风险进行评价，并建立贷款质量监控制度和风险预警体系。

续 表

项目	内容
针对不同类型资产的贷款所采取的监控措施	（3）流动资金贷款：定期或不定期进行现场检查与非现场监测。 （4）集团客户：①定期或不定期开展针对整个集团客户的联合调查；②核查借款人关联方及关联交易等情况及变化趋势；③核查客户或其主要股东向其他企业或个人提供抵（质）押物担保或保证情况。

典型真题

【多选题】客户经理在对集团客户开展贷后监控，应采取(　　)措施。

A. 定期或不定期开展针对整个集团客户的联合调查，掌握其整体经营和财务变化情况

B. 核查借款人或其主要股东对外担保情况

C. 核查借款人关联方及关联交易等情况及变化趋势

D. 核查集团客户内部股权关系变化情况

E. 核查集团客户全部成员企业资金交易对手的情况

【答案】ABC【解析】针对集团客户，应采取以下措施：①定期或不定期开展针对整个集团客户的联合调查；②核查借款人关联方及关联交易等情况及变化趋势；③核查客户或其主要股东向其他企业或个人提供抵（质）押物担保或保证情况。

真考解读 属于常考点，一般会考1道题。

二、管理状况监控（掌握）

项目	内容
管理状况风险体现	（1）企业发生重要人事变动。 （2）最高管理者独裁。 （3）董事会和高级管理人员以短期利润为中心。 （4）管理层对企业发展缺乏战略性的计划，缺乏足够的行业经验和管理能力。 （5）管理层极端冒进或保守。 （6）客户的主要股东、关联企业或母子公司等发生重大不利变化。 （7）股东间发生重大纠纷；股东或主要管理人员涉嫌重大贪污受贿舞弊等违法经营案件或其他重大负面信息。 （8）短期内财务、市场等要害部门的中层管理者多人离职；中层管理人员薄弱，企业人员更新过快或员工不足等。 （9）主要控制人或高管出现个人征信问题、涉及民间借贷或赌博等行为。

续 表

项目	内容
管理状况的监控要点	（1）借款人：关注客户管理者的人品、诚信度、授信动机以及道德水准等。 （2）中小企业。 ①客户业主或主要股东个人及其家庭其他投资、资产负债及或有负债情况。 ②客户业主或主要股东家庭成员情况、家庭居住情况，婚姻状况，家庭大致日常收入、生活开支情况；客户业主或主要股东个人资信情况，企业和个人征信信息。 ③客户在工商、税务、海关等部门的信用记录等。

三、财务状况监控（掌握）

真考解读 属于常考点，一般会考1道题。

项目	内容
企业财务风险体现	（1）企业关键财务指标发生重大不利变化，包括资产质量、经营增长状况、盈利能力、债务风险等指标恶化。 （2）企业销售额下降，收益减少，成本提高，经营亏损。 （3）经营性净现金流量持续为负值。 （4）存货周转率大幅下降。 （5）流动资产占总资产比重大幅下降。 （6）短期负债增加失当，长期负债大量增加。 （7）银行账户混乱，到期票据无力支付。 （8）应收账款异常增加。 （9）会计报表不能及时报送或出现造假现象。 （10）财务记录和经营控制混乱。 （11）客户存在过度交易或盲目扩张行为，表现在长期投资与投资收益相比增长过快，营运资金与 EBITDA（税息折旧及摊销前利润）相比金额较大等。 （12）对外担保率过高、对单一客户担保额过大、有同质企业互保、担保链或对外担保已出现垫款的现象。 （13）财务成本不合理上升、高成本融资不合理增加，企业流动性出现问题。
其他财务监控要点	（1）核实企业提供的财务报表。 （2）抽样核实应收账款、存货、对外投资、销售额等关键性数据，并进行横向（同类客户之间）和纵向（同一客户不同时间）的比较。

典型真题

【单选题】下列选项中，属于借款企业财务风险的是(　　)。

A. 主要数据在行业统计中呈现不利的变化或趋势

B. 产品质量或服务水平出现明显下降

C. 销售额下降，成本提高，收益减少，经营亏损

D. 主要股东、关联企业或母子公司等发生重大的不利变化

【答案】C【解析】选项 C 属于借款企业财务风险，选项 A、选项 B 属于借款企业经营风险，选项 D 属于借款企业管理状况风险。

真考解读 属于常考点，一般会考 1 道题。

四、与银行往来情况监控及其他外部评价监控（掌握）

项目	内容
与银行往来异常现象	(1) 借款人在银行的存款有大幅度下降。 (2) 在多家银行开户（公司开户数明显超过其经营需要）。 (3) 对短期贷款依赖较多，要求贷款展期。 (4) 还款来源没有落实或还款资金主要为非销售回款。 (5) 贷款超过了借款人合理支付能力。 (6) 借款人有抽逃资金的现象，同时仍在申请新增贷款。 (7) 借款人在资金回笼后，在还款期限未到的情况下挪作他用，增加贷款风险。 (8) 客户授信出现贷款逾期、不能按时偿还利息等情况。 (9) 客户在金融机构贷款余额大幅变动或授信政策调整。 (10) 以本行贷款偿还其他银行债务。 (11) 存在套取贷款资金、关联方占款或民间借贷等嫌疑。 (12) 存在长期借新还旧或短贷长用严重问题，要求贷款展期。
通过其他外部评价应监控的内容	(1) 了解借款人是否涉及偷、逃、骗税等违法经营行为。 (2) 了解借款人是否涉及重大金额违约等诉讼和仲裁案件。 (3) 了解借款人是否涉及主要资产、结算账户被有权机关查询、扣划、冻结；是否被列入环保、质监、海关等系统负面清单中。 (4) 了解借款人是否被外部评级机构下调评级或涉及负面舆论报道，存在声誉风险；借款人及其主要股东、高管、重要交易对手等是否被列入反洗钱名单及制裁合规名单中等。

第二节 贷款用途及还款账户监控

一、贷款资金用途监控（掌握）

真考解读 属于常考点，一般会考1道题。

自主支付的资金应注意的问题：

（1）自主支付的交易对手是否属于借款人正常经营业务的供货商、服务商等机构。

（2）自主支付的用途是否合理，是否违反约定用途。

（3）自主支付的交易对手是否为关联企业。

（4）自主支付资金是否进入集团资金池进行统筹使用。

（5）单笔自主支付的金额是否存在超过约定受托支付最低限额的情况。

（6）借款人是否存在与同一交易对手在一天或者连续几天内发生多笔累计超过约定受托支付最低限额的交易，涉嫌以“化整为零”方式规避受托支付管理的情况。

【提示】银行信贷人员在进行贷款资金用途监控时，发现贷款资金使用违反合同约定的，银行应按合同约定对该客户采取降低受托支付起点金额、要求划回违约支付的贷款资金或停止贷款资金发放等限制措施。

典型真题

【单选题】银行信贷人员在进行贷款资金用途监控时，发现贷款资金使用违反合同约定的，可采取的措施不包括(　　)。

A. 要求划回违约支付的贷款资金　　B. 停止贷款资金发放

C. 降低受托支付起点金额　　D. 要求借款人给予流动性补偿

【答案】D【解析】对于认定贷款资金违反合同约定的，银行应按合同约定对该客户采取降低受托支付起点金额、要求划回违约支付的贷款资金或停止贷款资金发放等限制措施。

二、还款账户监控（掌握）

真考解读 属于常考点，一般会考1道题。

项目	内容
固定资产贷款	一般而言，当借款人信用状况较好、贷款安全系数较高时，银行业金融机构可不要求借款人开立专门的还款准备金账户；当借款人信用状况较差、贷款安全受到威胁时，出于有效防范和化解信贷风险的考虑，银行应要求其开立专门的还款准备金账户，并与借款人约定对账户资金进出、余额或平均存量等的最低要求。
项目融资	贷款人应要求借款人指定专门的项目收入账户，该账户对外支付的条件和方式均须在合同中明确，以达到有效监控资金收支变化、提高贷款资金保障性的效果。

续 表

项目	内容
流动资金贷款	贷款人应通过借款合同的约定，要求借款人指定专门的资金回笼账户并及时提供该账户的资金进出情况。贷款人可根据借款人信用状况、融资情况等，与借款人协商签订账户管理协议，明确约定对指定账户回笼资金进出的管理。

典型真题

【单选题】贷款新规强调了银行对借款人回款账户的动态监测分析。对于固定资产贷款，当借款人信用状况较差、贷款安全受到威胁时，银行应要求其开立专门的(　　)账户，并与借款人约定对账户资金进出、余额或平均存量等最低要求。

A. 基本结算　　B. 项目收入　　C. 资金回笼　　D. 还款准备金

【答案】D【解析】一般而言，当借款人信用状况较好、贷款安全系数较高时，银行业金融机构可不要求借款人开立专门的还款准备金账户；当借款人信用状况较差、贷款安全受到威胁时，出于有效防范和化解信贷风险的考虑，银行应要求其开立专门的还款准备金账户，并与借款人约定对账户资金进出、余额或平均存量等的最低要求。

第三节　担保管理

真考解读 属于常考点，一般会考1道题。

一、保证人管理（掌握）

贷款保证的目的是对借款人按约、足额偿还贷款提供保障，因此，银行应特别注意保证的有效性，并在保证期内向保证人主张权利。

项目	内容
保证人日常管理	（1）分析保证人保证实力的变化：对于企业为保证人的，通过外部信息及时获得保证人经营业绩和信用状况等重要信息，了解保证人全部对外担保总额、担保贷款的资产质量、对外赔付、保证金账户等情况；通过人民银行征信系统查询保证人偿债履约情况、金融机构融资总量及或有负债总量。对于自然人为保证人的，了解保证人职业、收入、债务及财产转移等情况，通过人民银行征信系统核实保证人个人真实负债和或有负债。集团客户母公司提供担保应综合分析企业本部报表和合并报表，判断保证人的保证实力。 （2）了解保证人保证意愿的变化：保证人和借款人的关系是否出现变化，保证人是否出现试图撤销和更改保证的情况。应分析其中的原因，判断贷款的安全性是否受到实质影响并采取相关措施。

续 表

项目	内容
贷款到期后保证人管理	（1）未与保证人约定保证期间的，应在债务履行期届满之日起6个月内要求保证人承担保证责任。 （2）连带责任保证诉讼时效自保证期间届满前债权人要求保证人承担保证责任之日起计算，诉讼时效期间为3年。 （3）当借款人出现贷款逾期时，银行必须在贷款逾期后10个工作日内向保证人发送履行担保责任通知书进行书面确认。 （4）贷款为分期逐笔到期，则银行应逐笔进行书面确认，逐笔保证3年的诉讼时效。

典型真题

【单选题】贷款保证的目的是对借款人按约、足额偿还贷款提供保障，因此，银行应特别注意保证的(　　)，并在保证期内向保证人主张权利。

A. 有效性　　B. 真实性　　C. 准确性　　D. 公正性

【答案】A**【解析】**贷款保证的目的是对借款人按约、足额偿还贷款提供保障，因此，银行应特别注意保证的有效性，并在保证期内向保证人主张权利。

二、抵（质）押品管理（重点掌握）

真考解读 属于必考点，一般会考1道题。

项目	内容
抵（质）押品的检查	（1）抵（质）押品价值的变化情况。 （2）抵（质）押品是否被妥善保管。 （3）抵（质）押品有否被变卖出售或部分被变卖出售的行为。 （4）抵（质）押品保险到期后有没有及时续投保险。 （5）抵（质）押品有否被转移至不利于银行监控的地方。 （6）抵押品有无未经贷款人同意的出租情况。 （7）抵（质）押品的权属证明是否妥善保管、真实有效。
抵（质）押品检查要点	（1）检查抵（质）押人办理押品财产保险的有效性。 （2）检查保管措施是否能够保障抵（质）押物的品质。 （3）关注抵（质）押物的价值变化。
抵（质）押品管理的注意事项	（1）发现抵押物价值非正常减少，应及时查明原因，采取有效措施。 （2）发现抵押人的行为对抵（质）押物形态、品质、法律效力、权属及价值等产生不利变化的，应要求抵押人立即停止其行为。 （3）抵押人的行为已经造成抵押物价值的减少，应要求抵押人恢复抵押物的价值。

续 表

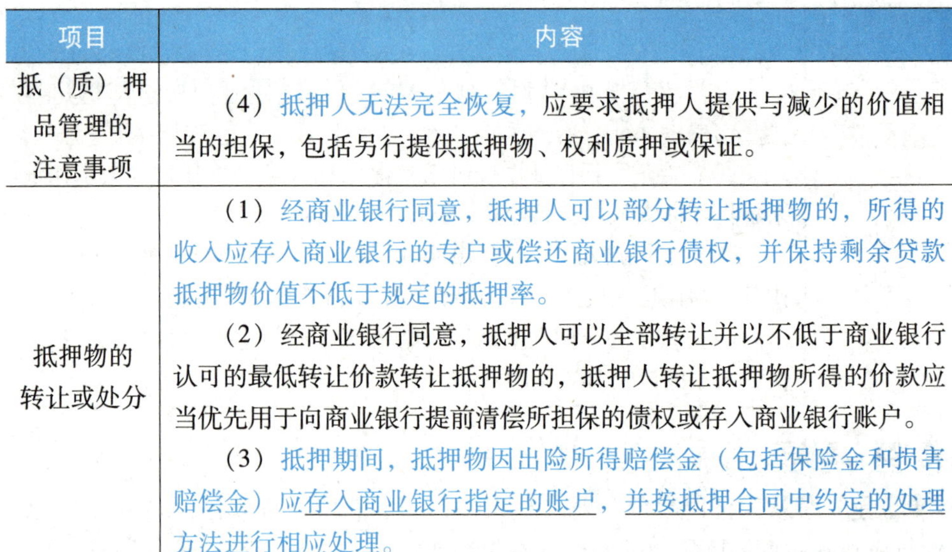

项目	内容
抵（质）押品管理的注意事项	（4）抵押人无法完全恢复，应要求抵押人提供与减少的价值相当的担保，包括另行提供抵押物、权利质押或保证。
抵押物的转让或处分	（1）经商业银行同意，抵押人可以部分转让抵押物的，所得的收入应存入商业银行的专户或偿还商业银行债权，并保持剩余贷款抵押物价值不低于规定的抵押率。 （2）经商业银行同意，抵押人可以全部转让并以不低于商业银行认可的最低转让价款转让抵押物的，抵押人转让抵押物所得的价款应当优先用于向商业银行提前清偿所担保的债权或存入商业银行账户。 （3）抵押期间，抵押物因出险所得赔偿金（包括保险金和损害赔偿金）应存入商业银行指定的账户，并按抵押合同中约定的处理方法进行相应处理。

典型真题

【单选题】抵押期间，商业银行贷款的抵押物因出险所得赔偿金（包括保险金和损害赔偿金）应(　　)。

A. 偿还银行债权

B. 归银行所有，由银行支配

C. 存入银行指定账户，并按抵押合同中约定的处理方法进行相应处理

D. 归企业所有，由企业自行支配

【答案】C**【解析】**抵押期间，抵押物因出险所得赔偿金（包括保险金和损害赔偿金）应存入商业银行指定的账户，并按抵押合同中约定的处理方法进行相应处理。对于抵押物出险后所得赔偿数额不足清偿部分，商业银行可以要求借款人提供新的担保。

真考解读 属于常考点，一般会考1道题。

三、担保的补充机制（掌握）

项目	内容
追加担保品，确保抵押权益	《民法典》第四百零八条规定，抵押人的行为足以使抵押财产价值减少的，抵押权人有权请求抵押人停止其行为；抵押财产价值减少的，抵押权人有权请求恢复抵押财产的价值，或者提供与减少的价值相应的担保。抵押人不恢复抵押财产的价值，也不提供担保的，抵押权人有权请求债务人提前清偿债务。
追加保证人	（1）保证人的担保资格或担保能力发生不利变化，其自身的财务状况恶化。 （2）由于借款人要求贷款展期造成贷款风险增加或由于贷款逾

续 表

项目	内容
追加保证人	期，银行加收罚息而导致借款人债务负担加重，而原保证人又不同意增加保证额度。 （3）抵（质）押物出现不利变化。

典型真题

【多选题】担保的补充机制不包括（　　）。

A. 提高借款利率　　B. 缩短借款期限

C. 追加保证人　　D. 宣布贷款提前到期

E. 追加担保品

【答案】ABD【解析】担保的补充机制包括追加担保品，确保抵押权益；追加保证人。

第四节　风险预警

风险预警的相关概况（重点掌握）

真考解读 属于必考点，一般会考1道题。

项目	内容
程序[解读1]	（1）信用信息的收集和传递。 ①信息收集：信贷人员提供的信息和外部渠道得到的信息。 ②收集渠道：信贷人员调查、专业机构、公开信息及产业链信息等。 （2）风险分析。 信息经过适当的分层处理、甄别和判断后，进入预测系统或预警指标体系中。 （3）风险处置。 ①预控性处置：指在风险预警报告已经做出，而决策部门尚未采取相应措施之前，由风险预警部门或决策部门对尚未爆发的潜在风险提前采取控制措施，避免风险继续扩大对商业银行造成不利影响。 ②全面性处置：指商业银行对风险的类型、性质和程度进行系统详细的分析后，从内部组织管理、业务经营活动等方面采取措施来控制、转移或化解风险，使风险预警信号回到正常范围。 （4）后评价。风险预警的后评价是指经过风险预警及风险处置过程后，对风险预警的结果进行科学的评价，对预警信号的命中率、查全率、触警率等进行全面评价，对指标较差的预警信号，深入分析原因，并对预警系统和风险管理进行修正或调整，因此后评价对预警系统的完善十分重要。

解读1 必考点：风险预警的程序。

续 表

项目	内容
指标体系	（1）在贷款存续期间，贷款人应当持续监测贷款企业的经营情况，根据企业财务状况、贷款担保、市场环境、宏观经济变动等因素，定期对风险进行评价，并建立贷款质量监控制度和风险预警体系。 （2）通常包含财务状况的预警信号、管理状况的预警信号和经营状况的预警信号。
处置解读2	（1）列入重点观察名单。 （2）要求完善担保条件、增加担保措施。 （3）要求客户限期纠正违约行为。 （4）动态调整资产风险分类。 （5）降低整体授信额度，暂停发放新贷款或收回已发放的授信额度等。

解读2必考点：风险预警的处置措施。

典型真题

【多选题】客户风险预警信号出现后，商业银行应根据风险程度和性质，对客户实施分层管理，一般而言，采取的风险处置措施包括（　　）。

A. 动态调整资产风险分类　　B. 列入重点观察名单

C. 要求客户限期纠正违约行为　　D. 降低整体授信额度

E. 要求完善担保条件、增加担保措施

【答案】ABCDE【解析】客户风险预警信号出现后，商业银行应根据风险程度和性质，对客户实施分层管理，一般而言，采取的风险处置措施：①列入重点观察名单；②要求完善担保条件、增加担保措施；③要求客户限期纠正违约行为；④动态调整资产风险分类；⑤降低整体授信额度，暂停发放新贷款或收回已发放的授信额度等。

第五节　信贷业务到期处理

真考解读属于必考点，一般会考1道题。

一、贷款偿还与提前还款（重点掌握）

项目	内容
贷款偿还操作	（1）业务操作部门向借款人发送还本付息通知单。其内容包括贷款项目名称或其他标志、还本付息的日期、当前贷款余额、本次还本金额、付息金额以及利息计算过程中涉及的利率、计息天数、计息基础等。

续 表

项目	内容
贷款偿还操作	(2) 业务操作部门对逾期的贷款要及时发出催收通知单。 银行对逾期贷款的处理：①对贷款的本金、应收未收的利息计收利息，即计复利；②在催收的同时，对不能按借款合同约定期限归还的贷款，应按规定加罚利息，加罚的利率应在贷款协议中明确规定，应收未收的罚息也要计复利；③对不能归还或不能落实还本付息事宜的，应督促归还或依法起诉；④按照国家有关规定提取准备金，并按照核销的条件和程序核销呆账贷款及应收款项。
提前还款处理	“提前还款”条款可以包括以下内容。 (1) 未经银行的书面同意，借款人不得提前还款。 (2) 借款人可以在贷款协议规定的最后支款日后、贷款到期日前的时间内提前还款。 (3) 借款人应在提前还款日前30天（或60天）以书面形式向银行递交提前还款的申请，其中应列明借款人要求提前偿还的本金金额。 (4) 由借款人发出的提前还款申请应是不可撤销的，借款人有义务据此提前还款。 (5) 借款人可以提前偿还全部或部分本金，如果偿还部分本金，其金额应等于一期分期还款的金额或应为一期分期还款的整数倍，并同时偿付截至该提前还款日前1天（含该日）所发生的相应利息，以及应付的其他相应费用。 (6) 提前还款应按贷款协议规定的还款计划以倒序进行。 (7) 已提前偿还的部分不得要求再贷。 (8) 对于提前偿还的部分可以收取费用。
小微企业续贷	符合以下四个主要条件的小微企业才可申请续贷。 (1) 依法合规经营。 (2) 生产经营正常，具有持续经营的能力和良好的财务状况。 (3) 原流动资金周转贷款为正常类，且符合新发流动资金周转贷款条件和标准。 (4) 信用状况良好，还款能力与还款意愿强，没有挪用贷款资金、欠贷欠息等不良行为。
依法收贷	(1) 依法收贷的概念。 ①广义的依法收贷指银行按规定或约定，通过催收、扣收、变卖抵押物，收回违约使用的贷款，加罚息等措施，以及通过仲裁、诉讼等途径依法收贷。 ②狭义的依法收贷指按照法律法规的规定，采用诉讼、仲裁等手段清理收回贷款的活动。

续 表

<table>
<tr><th>项目</th><th>内容</th></tr>
<tr><td>依法收贷</td><td>（2）依法收贷的对象、程序与内容。
①银行向仲裁机关申请仲裁和向人民法院提出诉讼一律以分（支）行的名义进行，分理处及其以下的营业机构不能作为独立的诉讼主体。
②依法收贷的对象，是违约贷款。
③按法律规定，向仲裁机关申请仲裁的时效为1年，向人民法院提起诉讼的时效为3年。诉讼时效期间从贷款到期之日计算。诉讼时效可因银行向借款人发出催收贷款通知函（须经对方签字），或借款人书面提出还款计划、双方重新签订协议等而中断。从中断之日起，诉讼时效重新计算。超过诉讼时效，贷款将不再受法律保护。
④对逾期贷款，银行有关部门应每季开出催收贷款通知函，并同时发送担保单位签收。
⑤及时申请财产保全。财产保全可以在起诉前申请，也可以在起诉后判决前申请，起诉前申请财产保全被人民法院采纳后，应该在人民法院采取保全措施30天内正式起诉。
⑥做好开庭前的一切准备工作，按时出庭，根据事实和法律陈述理由。
⑦依法申请支付令，债权人请求债务人偿付贷款本息的，可以不通过诉讼程序，而直接向有管辖权的基层人民法院申请支付令[解读1]。
⑧充分运用执行手段，对于已发生法律效力的判决书、调解书、裁定书、裁决书，当事人不履行的，银行应当向人民法院申请强制执行。申请执行的期间为2年，执行时效从法律文书规定当事人履行义务的最后1天起计算。
⑨法律结论得出后，须对被起诉的借款人采取相应的措施。
（3）依法收贷应注意的问题。
①信贷人员应认真学习和掌握法律知识。
②要综合运用诉讼手段和非诉讼手段依法收贷。
③既要重视诉讼，更要重视执行。
④在依法收贷工作中要区别对待。</td></tr>
<tr><td>贷款总结评价</td><td>（1）贷款基本评价。就贷款的基本情况进行分析和评价，重点从客户选择、贷款综合效益分析、贷款方式选择等方面进行总结。
（2）贷款管理中出现的问题及解决措施。分析出现问题的原因，说明针对问题采取的措施及最终结果，从中总结经验，防范同类问题重复发生，对发生后的妥善处理提出建议。
（3）其他有益经验。对管理过程中其他有助于提升贷后管理水平的经验、心得和处理方法进行总结。</td></tr>
</table>

解读1 直接申请支付令须满足的条件：①债权人与债务人没有其他债务纠纷；②支付令能够送达债务人的。

典型真题

【单选题】在依法收贷工作中。按法律规定，向仲裁机关申请仲裁的时效为(　　)年，向人民法院提起诉讼的时效为(　　)年。

A. 1；2　　B. 3；1　　C. 1；3　　D. 2；1

【答案】C【解析】按法律规定，向仲裁机关申请仲裁的时效为1年，向人民法院提起诉讼的时效为3年。

二、贷款展期处理（重点掌握）

真考解读 属于必考点，一般会考1道题。

项目	内容
贷款展期申请	（1）借款人不能按期归还贷款时，应当在贷款到期日之前，向银行申请贷款展期，是否展期由银行决定。 （2）展期申请的内容包括展期理由，展期期限，展期后的还本、付息、付费计划及拟采取的补救措施。
贷款展期审批	（1）分级审批制度。 （2）贷款展期的担保问题[解读2]。 ①保证贷款的展期。银行应重新确认保证人的担保资格和担保能力；借款人申请贷款展期前，必须征得保证人的同意。 ②抵押贷款展期。 a. 作为抵押权人核查抵押物的账面净值或委托具有相关资格和专业水平的资产评估机构评估有关抵押物的重置价值，并核查其抵押率是否控制在一定的标准内。 b. 如果借款人的贷款余额与抵押财产的账面净值或重置价值之比超过一定限度，即抵押价值不足的，抵押人应根据银行的要求按现有贷款余额补充落实抵押物，重新签订抵押合同。 c. 抵押贷款展期后，银行应要求借款人及时到有关部门办理续期登记手续，使抵押合同保持合法性和有效性，否则抵押合同将失去法律效力。 d. 切实履行对抵押物跟踪检查制度，定期检查核对抵押物，监督企业对抵押物的占管，防止抵押物的变卖、转移和重复抵押。
展期贷款管理	（1）展期期限。 《贷款通则》规定：短期贷款展期期限累计不得超过原贷款期限；中期贷款展期期限累计不得超过原贷款期限的一半；长期贷款展期期限累计不得超过3年。国家另有规定者除外。 （2）贷款展期后的利率。 ①借款人未申请展期或申请展期未得到批准，其贷款从到期日次日起，转入逾期贷款账户。

解读2 展期贷款的担保金额为借款人在整个贷款期内应偿还的本息及费用之和，包括因贷款展期而增加的利息费用。

续 表

项目	内容
展期贷款管理	②贷款的展期期限加上原期限达到新的利率期限档次时，从展期之日起，贷款利息应按新的期限档次利率计收。
展期贷款偿还	（1）银行信贷部门应按照展期后的还款计划，向借款人发送还本付息通知单，督促借款人按时还本付息。 （2）展期贷款到期不能按时偿还，信贷部门要加大催收力度，以保证贷款的收回。 （3）对于设立了保证或抵（质）押的贷款，银行有权向担保人追索或行使抵（质）押权，弥补贷款损失。 （4）展期贷款逾期后，也应按规定加罚利息，并对应收未收利息计复利。

典型真题

【单选题】关于企业贷款展期的申请，下列表述中错误的是(　　)。

A. 是否给予办理展期由银行决定

B. 展期内容应包括拟采取的补救措施

C. 质押贷款展期应当由出质人出具同意的书面证明

D. 借款人应当在贷款到期日向银行申请贷款展期

【答案】D【解析】借款人不能按期归还贷款时，应当在贷款到期日之前，向银行申请贷款展期。

第六节　档案管理

真考解读 属于必考点，一般会考1道题。

档案管理的相关内容（重点掌握）

项目	内容
档案管理的原则	人员职责明确、档案门类齐全、管理制度健全、信息利用充分、提供有效服务。
档案管理的具体要求	（1）信贷档案实行集中统一管理原则。 （2）信贷档案采取分段管理、专人负责、按时交接、定期检查的管理模式。
信贷档案管理	（1）分类。 ①一级信贷档案主要指信贷抵（质）押契证和有价证券及押品契证资料收据和信贷结清通知书。其中押品主要包括银行开出的本、外币存单，银行本票，银行承兑汇票，上市公司股票，政府和公司

续 表

<table>
<tr><th>项目</th><th>内容</th></tr>
<tr><td>信贷档案管理</td><td>债券，保险批单，提货单，产权证或他项权益证书及抵（质）押物的物权凭证、抵债物资的物权凭证等。
②二级信贷档案主要指法律文件和贷前审批及贷后管理的有关文件。
（2）管理要求。
①一级信贷档案。
a. 保管。一级信贷档案是信贷的重要物权凭证，在存放保管时视同现金管理，可将其放置在金库或保险箱（柜）中保管，指定双人（以下简称押品保管员），分别管理钥匙和密码，双人入、出库，形成存取制约机制。
b. 交接。业务经办部门接收后，填制押品契证资料收据一式三联，押品保管员、借款企业、业务经办人员三方各存一联。
c. 借阅。原则上不允许借阅，如遇特殊情况可申请借阅。可以申请借阅的特殊情形：贷款展期办理抵押物续期登记的；变更抵押物权证、变更质押物品的；提供给审计、稽核部门或相关单位查阅的；提交法院进行法律诉讼、债权债务重组或呆账核销的；须补办房产证、他项权益证书或备案登记的。
d. 结清、退还。借款企业、业务经办人员和押品保管员三方共同办理押品的退还手续。
②二级信贷档案。
a. 保管。二级信贷档案应按规定整理成卷，交信贷档案员管理。
b. 交接。业务经办人员应在单笔信贷（贷款）合同签订后将前期文件整理入卷，形成信贷文件卷，经信贷档案员逐件核实后，移交管理。
c. 借阅。法律文件、资料，除审计部门确须查阅或进行法律诉讼的情况下，不办理借阅手续。
d. 结清。经行内相关部门认定有特殊保存价值的可列为永久保存。</td></tr>
<tr><td>客户档案管理</td><td>客户档案移交本部门贷款档案员集中保管即可。客户档案通常包括：
（1）借款企业及担保企业的“证照”（即年检营业执照、税务登记证等）复印件。
（2）借款企业及担保企业的信用评级资料。
（3）借款企业及担保企业的开户情况。
（4）借款企业及担保企业的验资报告。</td></tr>
</table>

续 表

项目	内容
客户档案管理	（5）借款企业及担保企业近 3 年的主要财务报表，包括资产负债表、利润表、现金流量表等，上市公司须提供经审计的年报。 （6）企业法定代表人、财务负责人的身份证或护照复印件。 （7）反映该企业经营、资信及历次贷款情况的其他材料。

典型真题

【单选题】下列各项中，属于二级信贷档案的是(　　)。

A. 借款合同

B. 银行承兑汇票押品

C. 产权证或他项权益证书及抵（质）押物的物权凭证

D. 上市公司股票押品

【答案】A【解析】二级信贷档案主要指法律文件和贷前审批及贷后管理的有关文件。

章节练习

一、单选题（以下各小题所给出的四个选项中，只有一项符合题目要求，请选择相应选项，不选、错选均不得分）

1. 下列选项中，不属于企业财务风险的是(　　)。
   A. 借款人在银行的存款有较大幅度下降
   B. 应收账款异常增加
   C. 流动资产占总资产比重大幅下降
   D. 短期负债增加失当，长期负债大量增加

2. 贷款发放后，关于对保证人保证意愿的监控，下列做法中错误的是(　　)。
   A. 应密切注意保证人的保证意愿是否出现改变迹象
   B. 如保证人与借款人的关系发生变化，要密切注意保证人是否愿意继续担保
   C. 主要关注保证人与借款人关系变化后的结果，不关注变化的原因
   D. 保证人与借款人关系发生变化后，应判断贷款的安全性是否受到实质影响

3. 下列关于固定资产贷款中借款人提前还款的表述中，错误的是(　　)。
   A. 如果借款人希望提前归还贷款，则应与银行协商
   B. 对已提前偿还的部分不得要求再贷
   C. 在征得银行同意后，借款人才可以提前还款
   D. 如果借款人提前还款，应一次性偿还全部剩余本金

4. 借款人未申请展期或申请展期未得到批准，其贷款从(　　)起，转入逾期贷款账户。
   A. 核准之日　　B. 展期之日　　C. 到期当日　　D. 到期日次日

5. 二级信贷档案的管理不包括(　　)。
A. 借阅　B. 交接　C. 保管　D. 退还

二、多选题（以下各小题所给出的五个选项中，有两项或两项以上符合题目的要求，请选择相应选项，多选、少选、错选均不得分）

1. 对借款人贷后监控的内容主要包括(　　)。
A. 与银行往来情况监控　B. 担保状况监控　C. 管理状况监控
D. 财务状况监控　E. 经营状况监控

2. 贷款风险预警的程序包括(　　)。
A. 信用信息的收集与传递　B. 风险处置
C. 停止放款　D. 风险分析
E. 后评价

3. 银行对抵押品定期检查的内容包括(　　)。
A. 抵押品价值的变化情况
B. 抵押品是否被妥善保管
C. 抵押品保险到期后有没有及时续投保险
D. 抵押品有否被变卖出售或部分被变卖出售的行为
E. 抵押品有否被转移至不利于银行监控的地方

三、判断题（请对以下各项描述作出判断，正确的为 A，错误的为 B）

1. 展期贷款只是贷款期限的延长，贷款利率不变。(　　)
A. 正确　B. 错误

2. 商业银行一级贷款文件应放在金库或保险箱（柜）中保管，指定双人分别管理钥匙和密码，双人入库、出库，形成存取制约机制。(　　)
A. 正确　B. 错误

答案详解

一、单选题

1. A【解析】借款人在银行的存款有较大幅度下降属于与银行往来的异常现象。应收账款异常增加；流动资产占总资产比重大幅下降；短期负债增加失当，长期负债大量增加均属于企业的财务风险。

2. C【解析】贷款发放后，银行应密切关注保证人的保证意愿是否出现改变的迹象。如保证人和借款人的关系出现变化，保证人是否出现试图撤销和更改担保的情况。应分析其中的原因，判断贷款的安全性是否受到实质影响并采取相关措施。

3. D【解析】借款人可以提前偿还全部或部分本金，如果偿还部分本金，其金额应等于一期分期还款的金额或应为一期分期还款金额的整数倍，并同时偿付截至该提前还款日前 1 天（含该日）所发生的相应利息，以及应付的其他相应费用。

4. D【解析】借款人未申请展期或申请展期未得到批准，其贷款从到期日次日起，转入逾期贷款账户。

5. A【解析】二级信贷档案的管理包括借阅、交接、保管、结清。

二、多选题

1. ACDE【解析】对借款人贷后监控的主要内容：①经营状况监控；②管理状况监控；③财务状况监控；④其他外部评价监控；⑤与银行往来情况监控。

2. ABDE【解析】风险预警是各种工具和各种处理机制的组合结果，无论是否依托于动态化、系统化、精确化的风险预警系统，都应当逐级、依次完成以下程序：①信用信息的收集与传递；②风险分析；③风险处置；④后评价。

3. ABCDE【解析】银行对抵押品定期检查的内容：①抵（质）押品价值的变化情况；②抵（质）押品是否被妥善保管；③抵（质）押品有否被变卖出售或部分被变卖出售的行为；④抵（质）押品保险到期后有没有及时续投保险；⑤抵（质）押品有否被转移至不利于银行监控的地方；⑥抵押品有无未经贷款人同意的出租情况；⑦抵（质）押品的权属证明是否妥善保管、真实有效。

三、判断题

1. B【解析】经批准展期的贷款利率，银行可根据不同情况重新确定。贷款的展期期限加上原期限达到新的利率期限档次时，从展期之日起，贷款利息应按新的期限档次利率计收。

2. A【解析】一级文件是信贷的重要物权凭证，在存放保管时视同现金管理，可将其放置在金库或保险箱（柜）中保管，指定双人分别管理钥匙和密码，双人入库、出库，形成存取制约机制。

第十章 贷款风险分类与贷款损失准备金的计提

应试分析

本章内容比较简单，主要介绍贷款风险分类概述及贷款风险分类方法。在考试中涉及的分值约为 1 分。考生在学习该章内容时，要着重掌握相关基本概念，对本章的总体架构做到胸中有数。

思维导图

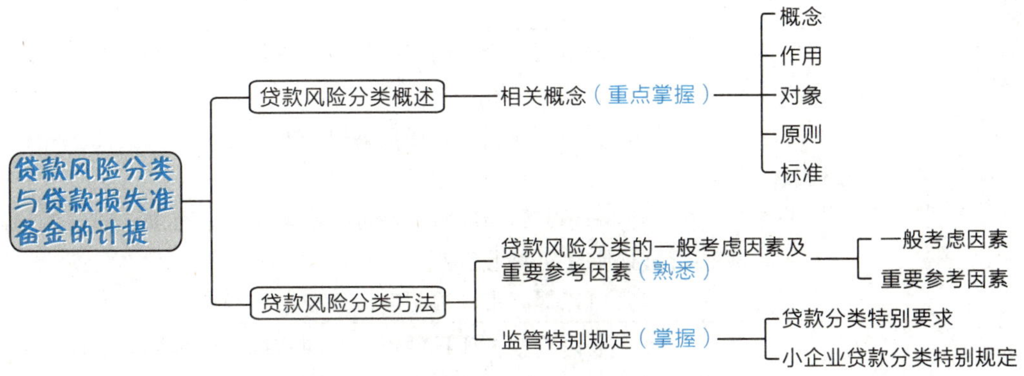

微信扫码关注
畅享在线做题

微信扫码关注
获取免费直播课

知识精讲

第一节 贷款风险分类概述

真考解读 属于必考点，一般会考2道题。

相关概念（重点掌握）

解读 至少每季度对全部贷款进行一次分类。

项目	内容
贷款分类[解读]概念	贷款分类指商业银行按照风险程度将贷款划分为不同档次的过程，实质是以贷款的内在风险程度和债务人还款能力为核心。
贷款分类作用	（1）揭示信贷资产的实际价值和风险程度，利于发现问题、解决问题。 （2）利于商业银行计提贷款损失准备金、实施责任追究和绩效考核。 （3）利于监管当局对银行进行审慎监管，有助于监管当局评估银行贷款质量和变化趋势。 （4）可以提高市场透明度，形成市场约束。
贷款分类对象	（1）表内贷款：项目融资、银团贷款、票据贴现、保理、流动资金贷款、固定资产贷款、法人账户透支、福费廷等各类表内信贷资产。 （2）表外信贷：票据承兑、保证、信用证、保函、担保付款、保兑、贷款承诺、包销承诺等各类贷款担保和承诺。
贷款分类原则	及时、重要、真实、审慎性原则。
贷款分类标准	《贷款风险分类指引》第五条规定，商业银行应按照本指引，至少将贷款划分为正常、关注、次级、可疑和损失五类（最低要求），后三类合称为不良贷款。 （1）正常：借款人能够履行合同，没有足够理由怀疑贷款本息不能按时足额偿还。 （2）关注：尽管借款人目前有能力偿还贷款本息，但存在一些可能对偿还产生不利影响的因素。 （3）次级：借款人的还款能力出现明显问题，完全依靠其正常营业收入无法足额偿还贷款本息，即使执行担保，也可能会造成一定损失。 （4）可疑：借款人无法足额偿还贷款本息，即使执行担保，也肯定要造成较大损失。 （5）损失：在采取所有可能的措施或一切必要的法律程序之后，本息仍然无法收回，或只能收回极少部分。

典型真题

【单选题】借款人能够履行合同，没有足够理由怀疑贷款本息不能按时足额偿还的贷款应归类为(　　)。

A. 正常　　B. 次级　　C. 可疑　　D. 关注

【答案】A【解析】正常：借款人能够履行合同，没有足够理由怀疑贷款本息不能按时足额偿还。

第二节　贷款风险分类方法

一、贷款风险分类的一般考虑因素及重要参考因素（熟悉）

真考解读 考查相对较少，考生熟悉即可。

项目	内容
一般考虑因素	借款人的还款记录；借款人的还款能力；借款人的还款意愿；贷款的担保；贷款项目的盈利能力；贷款偿还的法律责任；银行的信贷管理状况。
重要参考因素	（1）贷款逾期时间。 贷款一旦逾期至少应分为关注类；逾期超过一定期限（如90天以上），至少应划分为次级类；逾期严重（如180天或360天），直接划分为可疑类或损失类。 （2）抵（质）押品。 ①可放宽等级认定的高品质押品：全额保证金、本行存单、国债、金融债等。 ②审慎认定等级分类的押品：权属存在瑕疵、流动性欠缺、变现能力差的押品。

二、监管特别规定（掌握）

真考解读 属于常考点，一般会考1道题。

项目	内容
贷款分类特别要求	（1）《贷款风险分类指引》第十条规定，下列贷款应至少归为关注类： ①本金和利息虽尚未逾期，但借款人有利用兼并、重组、分立等形式恶意逃废银行债务的嫌疑。 ②借新还旧，或者需通过其他融资方式偿还。 ③改变贷款用途。 ④本金或者利息逾期。 ⑤同一借款人对本行或其他银行的部分债务已经不良。 ⑥违反国家有关法律和法规发放的贷款。

续 表

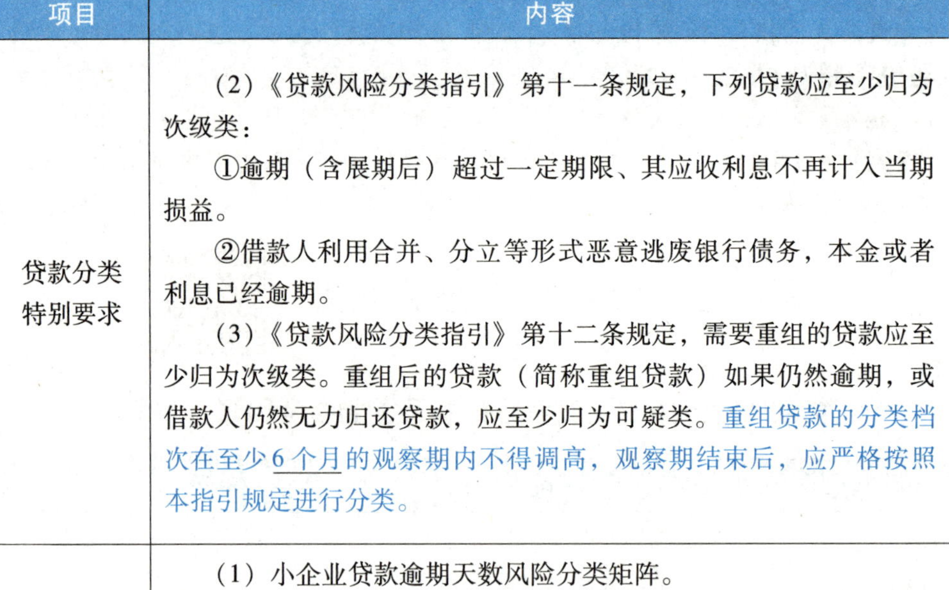

项目	内容
贷款分类特别要求	（2）《贷款风险分类指引》第十一条规定，下列贷款应至少归为次级类： ①逾期（含展期后）超过一定期限、其应收利息不再计入当期损益。 ②借款人利用合并、分立等形式恶意逃废银行债务，本金或者利息已经逾期。 （3）《贷款风险分类指引》第十二条规定，需要重组的贷款应至少归为次级类。重组后的贷款（简称重组贷款）如果仍然逾期，或借款人仍然无力归还贷款，应至少归为可疑类。重组贷款的分类档次在至少6个月的观察期内不得调高，观察期结束后，应严格按照本指引规定进行分类。
小企业贷款分类特别规定	（1）小企业贷款逾期天数风险分类矩阵。 （见下表） （2）在逾期天数风险分类矩阵的基础上至少下调一级的情形：出现《商业银行小企业授信工作尽职指引（试行）》第十八条所列举的影响客户履约能力的重大事项以及出现该指引“附则”所列举的预警信号。

逾期时间 / 担保方式	未逾期	1～30天（含）	31～90天（含）	91～180天（含）	181～360天（含）	360天以上
信用	正常	关注	次级	可疑	可疑	损失
保证	正常	正常	关注	次级	可疑	损失
抵押	正常	正常	关注	关注	次级	可疑
质押	正常	正常	正常	关注	次级	可疑

典型真题

【单选题】重组贷款的分类级次在至少（　　）的观察期内不得调高。

A. 1个月　　B. 6个月

C. 9个月　　D. 3个月

【答案】B**【解析】**重组贷款的分类档次在至少6个月的观察期内不得调高，观察期结束后，应严格按照指引规定进行分类。

章节练习

一、单选题（以下各小题所给出的四个选项中，只有一项符合题目要求，请选择相应选项，不选、错选均不得分）

1. 在贷款分类中，不属于不良贷款的是(　　)。
   A. 损失类贷款　　B. 关注类贷款
   C. 次级类贷款　　D. 可疑类贷款
2. 商业银行贷款分类的实质是以(　　)为核心。
   A. 评定银行风险等级
   B. 贷款的内在风险程度和债务人还款能力
   C. 确定债务人还款来源
   D. 明确贷款人借款需求
3. 贷款逾期是反映客户风险的客观信号，贷款逾期超过一定期限（如 90 天以上），至少应划分为(　　)。
   A. 关注类　　B. 可疑类
   C. 损失类　　D. 次级类
4. 借款人无法足额偿还贷款本息，即使执行担保，也肯定要造成较大损失。按贷款五级分类标准，此类贷款属于(　　)类贷款。
   A. 关注　　B. 可疑　　C. 次级　　D. 损失
5. 某小企业的一笔抵押贷款已逾期 60 天，按照小企业贷款逾期天数风险分类矩阵的划分，该笔贷款应划分为(　　)。
   A. 关注　　B. 次级　　C. 可疑　　D. 损失

二、多选题（以下各小题所给出的五个选项中，有两项或两项以上符合题目的要求，请选择相应选项，多选、少选、错选均不得分）

1. 贷款风险分类方法，按风险程度，将贷款划分为(　　)。
   A. 正常　　B. 关注　　C. 次级
   D. 可疑　　E. 损失
2. 商业银行对贷款进行分类，应主要考虑的因素有(　　)。
   A. 借款人的还款记录
   B. 借款人的还款意愿
   C. 贷款项目的盈利能力
   D. 贷款的担保
   E. 贷款偿还的法律责任
3. 下列选项中，通常应划归为关注类贷款有(　　)。
   A. 借款人资不抵债无力归还贷款
   B. 贷款逾期，经多次谈判，借款人明显没有还款的意愿
   C. 借新还旧，或者需通过其他融资方式偿还

D. 本金或者利息尚未逾期，但借款人利用合并、分立等形式恶意逃废银行债务

E. 未经银行同意，擅自改变贷款用途

三、判断题（请对以下各项描述作出判断，正确的为A，错误的为B）

1. 借款人无法偿还贷款本息，银行采取所以可能措施或一切必要的法律程序后，本息仍然无法收回，该贷款至少可以归为可疑类。（　　）

A. 正确　　　　B. 错误

2. 贷款是否出现逾期和逾期时间长短，应作为商业银行贷款分类时重要参考，贷款一旦逾期至少应分为关注类。（　　）

A. 正确　　　　B. 错误

答案详解

一、单选题

1. B【解析】依据《贷款风险分类指引》，商业银行至少应将贷款划分为正常、关注、次级、可疑和损失五类，后三类合称为不良贷款。

2. B【解析】贷款分类是指商业银行按照风险程度将贷款划分为不同档次的过程，实质是以贷款的内在风险程度和债务人还款能力为核心。

3. D【解析】贷款逾期超过一定期限（如90天以上），至少应划分为次级类。

4. B【解析】商业银行应按照《贷款风险分类指引》，至少将贷款划分为正常、关注、次级、可疑和损失五类。其中，可疑类贷款是借款人无法足额偿还贷款本息，即使执行担保，也肯定要造成较大损失的贷款。

5. A【解析】参考小企业贷款分类特别规定中小企业贷款逾期天数风险分类矩阵。抵押贷款逾期31～90天（含），划分为关注类。

二、多选题

1. ABCDE【解析】依据《贷款风险分类指引》，商业银行至少应将贷款划分为正常、关注、次级、可疑和损失五类，后三类合称为不良贷款。

2. ABCDE【解析】商业银行对贷款进行分类，应主要考虑的因素有借款人的还款记录；借款人的还款能力；借款人的还款意愿；贷款的担保；贷款项目的盈利能力；贷款偿还的法律责任；银行的信贷管理状况。

3. CDE【解析】《贷款风险分类指引》第十条规定，下列贷款应至少归为关注类：①本金和利息虽尚未逾期，但借款人有利用兼并、重组、分立等形式恶意逃废银行债务的嫌疑；②借新还旧，或者须通过其他融资方式偿还；③改变贷款用途；④本金或者利息逾期；⑤同一借款人对本行或其他银行的部分债务已经不良；⑥违反国家有关法律和法规发放的贷款。

三、判断题

1. B【解析】参考贷款分类的标准。可疑类是指借款人无法足额偿还贷款本息，即使执行担保，也可能造成较大损失。

2. A【解析】题干叙述正确。

第十一章　不良贷款管理

应试分析

本章主要介绍不良贷款的含义、不良贷款的处置方式。在考试中，本章涉及的分值约为7分。其中，考试重点是呆账核销与金融企业不良资产批量转让管理和重组。本章内容在考试中多为直接考查，难度不大，考生可以根据应试分析进行有侧重地学习。

思维导图

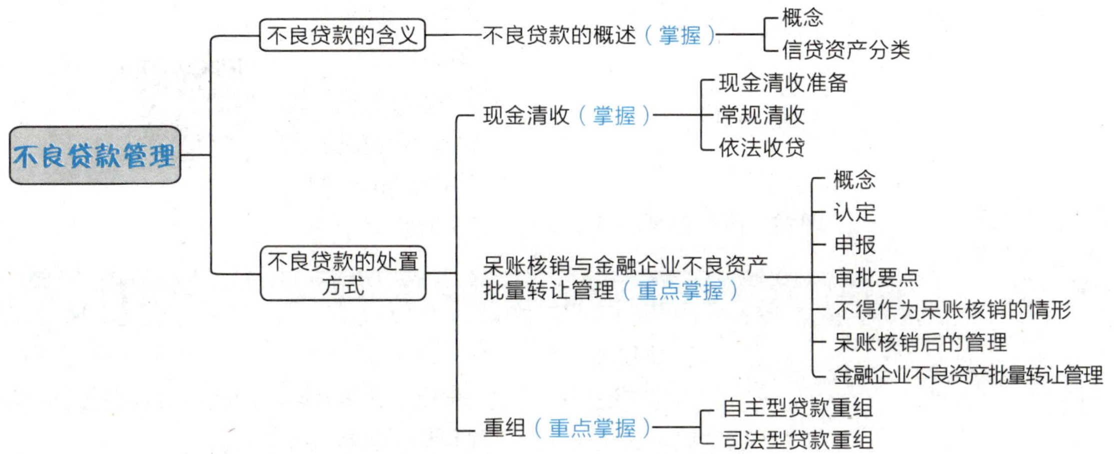

微信扫码关注
畅享在线做题

微信扫码关注
获取免费直播课

知识精讲

第一节 不良贷款的含义

真考解读 属于常考点，一般会考1道题。

不良贷款的概述（掌握）

（1）概念：不良贷款指借款人未能按原定的贷款协议按时偿还商业银行的贷款本息，或者已有迹象表明借款人不可能按原定的贷款协议按时偿还商业银行的贷款本息而形成的贷款。

（2）信贷资产分类：正常、关注、次级、可疑、损失。不良贷款主要指次级类、可疑类和损失类贷款。

第二节 不良贷款的处置方式

真考解读 属于常考点，一般会考1道题。

一、现金清收（掌握）

项目	内容
现金清收准备	（1）债权维护。 ①将能够证明主债权和担保债权客观存在的档案材料妥善保管。 ②确保主债权和担保权利具有强制执行效力。 a. 向人民法院申请保护债权的诉讼时效期间通常为3年。诉讼时效中断的，从中断时起，重新计算诉讼时效期间仍然为3年。诉讼时效届满，人民法院不会强制债务人履行债务，如果债务人自愿履行债务的，则不受诉讼时效的限制。 b. 没有约定的，保证人的履约期限为从借款企业偿还借款的期限届满之日起的6个月内。 ③防止债务人逃废债务。 （2）财产清查。
常规清收	（1）方式：直接追偿、协商处置抵（质）押物、委托第三方清收。 （2）注意事项：分析债务人拖欠贷款的真正原因；引导债务人自愿还款；利用政府和主管机关向债务人施加压力；将依法收贷作为常规清收的后盾。
依法收贷（常规清收的后盾）	（1）提起诉讼：立案之日起6个月内作出判决；判决书送达之日起15日内不服的，可向上一级人民法院提起上诉。 （2）财产保全[解读1]。 ①作用：防止债务人的财产被隐匿、转移或者毁损灭失，保障

解读1 保全财产申请错误，造成损失的，应承担赔偿责任。

续 表

项目	内容
依法收贷（常规清收的后盾）	日后执行顺利进行；对债务人财产采取保全措施，影响债务人的生产和经营活动，迫使债务人主动履行义务。 ②分类：诉前财产保全（担心合法权益受到损失）和诉中财产保全（债权人申请或法院认为必要时自行裁定）。 （3）申请支付令[解读2]。 ①《中华人民共和国民事诉讼法》第二百二十一条规定，债权人请求债务人给付金钱、有价证券，符合下列条件的，可以向有管辖权的基层人民法院申请支付令：债权人与债务人没有其他债务纠纷的；支付令能够送达债务人的。 ②第二百二十三条规定，人民法院受理申请后，经审查债权人提供的事实、证据，对债权债务关系明确、合法的，应当在受理之日起 15 日内向债务人发出支付令；申请不成立的，裁定予以驳回。 债务人应当自收到支付令之日起 15 日内清偿债务，或者向人民法院提出书面异议。债务人在前款规定的期间不提出异议又不履行支付令的，债权人可以向人民法院申请执行。 （4）申请强制执行。 ①强制执行情形：人民法院发生法律效力的判决、裁定和调解书；依法设立的仲裁机构的裁决；公证机关依法赋予强制执行效力的债权文书；债务人接到支付令后既不履行债务又不提出异议。 ②强制执行生效时间。 a. 申请强制执行的法定期限为 2 年，自法律文书规定履行期间的最后 1 日起计算。 b. 分期履行的，自每次履行期间的最后 1 日起计算。 c. 未规定履行期间的，自法律文书生效之日起计算。 （5）申请债务人破产：有利于终止其他强制执行程序、避免债务人非法转移资产。

解读2 借贷关系清楚的可不经起诉而直接向人民法院申请支付令。对于扭亏无望、无法清偿到期债务的企业，可考虑申请其破产。

典型真题

【单选题】人民法院审理债务诉讼案件，一般应在立案之日起（　　）内作出判决。

A. 1 年　　B. 6 个月

C. 3 个月　　D. 2 年

【答案】B【解析】人民法院审理案件，一般应在立案之日起 6 个月内作出判决。银行如果不服地方人民法院第一审判决的，有权在判决书送达之日起 15 日内向上一级人民法院提起上诉。

真考解读 属于必考点，一般会考1道题。

二、呆账核销与金融企业不良资产批量转让管理（重点掌握）

项目	内容
呆账核销的概念	呆账核销指银行经过内部审核确认后，动用呆账准备金将无法收回或者长期难以收回的贷款或投资从账面上冲销，从而使账面反映的资产和收入更加真实。
呆账核销认定	对确系无法收回且符合一定条件的不良贷款，经过规范的审查审批流程后可进行核销处理，同时应做好相应账务管理及后续追索工作。银行经采取所有可能的措施和实施必要的程序之后，符合下列条件之一的债权或者股权可认定为呆账。 （1）破产、关闭、解散、撤销类。借款人依法宣告破产、关闭、解散或者撤销，相关程序已经终结，金融企业对借款人财产进行清偿，并对担保人进行追偿后，仍未能收回的剩余债权；法院依法宣告借款人破产后180天以上仍未终结破产程序的，金融企业对借款人和担保人进行追偿后，经法院或破产管理人出具证明或内部清收报告，仍未能收回的剩余债权。 （2）灾害事故类。借款人遭受重大自然灾害或者意外事故，损失巨大且不能获得保险补偿，或者以保险赔偿后，确实无力偿还部分或者全部债务，银行对其财产进行清偿和对担保人进行追偿后，仍未能收回的剩余债权。 （3）注销、吊销类。借款人已完全停止经营活动，被县级及县级以上市场监督管理部门依法注销、吊销营业执照，金融企业对借款人和担保人进行追偿后，仍未能收回的剩余债权。 （4）未登记年检类。借款人已完全停止经营活动或者下落不明，超过3年未履行企业年度报告公示义务的，金融企业对借款人和担保人进行追偿后，仍未能收回的剩余债权。 （5）触犯刑律类。借款人触犯刑法，依法被判处刑罚，导致其丧失还款能力，其财产不足归还所借债务，又无其他债务承担者，金融企业经追偿后，仍未能收回的剩余债权。 （6）诉讼中止、未结类。由于借款人和担保人不能偿还到期债务，金融企业诉诸法律，借款人和担保人虽有财产，但对借款人和担保人强制执行超过180天以上仍未能收回的剩余债权；或者借款人和担保人虽有财产，但进入强制执行程序后，由于执行困难等原因，经法院裁定终结（中止）执行或者终结本次执行程序的债权；或者借款人和担保人无财产可执行，法院裁定终结（中止）执行或者终结本次执行程序的债权。

续 表

项目	内容
呆账核销认定	(7) 破产重整、和解类。金融企业对借款人和担保人诉诸法律后，借款人和担保人按照《中华人民共和国企业破产法》相关规定进入重整或者和解程序后，破产重整协议或者破产和解协议经法院裁定通过，根据重整协议或和解协议，金融企业对剩余债权向担保人进行追偿后，仍未能收回的剩余债权。 (8) 法院调解类。金融企业对借款人和担保人诉诸法律后，在法院主持下出具调解书或者达成执行和解协议并记入执行笔录，根据和解协议或调解书，金融企业对剩余债权向担保人进行追偿后，仍未能收回的剩余债权。 (9) 丧失权利类。对借款人和担保人诉诸法律后，因借款人和担保人主体资格不符或者消亡等原因，被法院驳回或者判决借款人和担保人不承担（或者部分承担）责任；或者因借款合同、担保合同等权利凭证遗失或者超过诉讼时效，金融企业经追偿后，仍未能收回的剩余债权。 (10) 抵债损失类。金融企业依法取得抵债资产，对抵债金额小于贷款本息的差额，符合上述（1）至（9）项原因，经追偿后仍未能收回的剩余债权。 (11) 垫款损失类。开立信用证、办理承兑汇票、开具保函等发生垫款时，凡业务申请人和保证人由于上述（1）至（10）项原因，无法偿还垫款，金融企业经追偿后，仍无法收回的垫款。 (12) 处置余额类。金融企业采取打包出售、公开拍卖、转让、债务减免、债转股、信贷资产证券化等市场手段处置债权或者股权后，根据转让协议或者债务减免协议，其处置回收资金与债权或股权余额的差额。 (13) 小金额类。对于单户贷款余额在 500 万元及以下（农村信用社、村镇银行为 50 万元及以下）的对公贷款，经追索 180 天以上，仍未能收回的剩余债权。 (14) 违法犯罪类。因借款人、担保人或者其法定代表人、实际控制人涉嫌违法犯罪，或者因金融企业内部案件，经公安机关或者检察机关正式立案侦查 1 年以上，金融企业对借款人、担保人或者其他还款义务人进行追偿后，仍未能收回的剩余债权。 (15) 中小企业和涉农类。金融企业对单户贷款余额在 6000 万元及以下的，经追索 180 天以上，仍无法收回的中小企业贷款和涉农贷款，可按照账销案存的原则自主核销；对于单户余额在 5 万元及以下的农户贷款，可以采用清单方式进行核销。

续 表

项目	内容
呆账核销认定	(16) 投资损失类。具有投资权的金融企业对外投资，满足下列条件之一的可认定为呆账：被投资企业依法宣告破产、关闭、解散或者撤销，金融企业经清算和追偿后，仍无法收回的股权；被投资企业已完全停止经营活动，被县级及县级以上市场监督管理部门依法注销、吊销营业执照，金融企业经追偿后，仍无法收回的股权；被投资企业财务状况严重恶化，累计发生亏损，已连续停止经营 3 年以上，且无重新恢复经营改组计划的；或者被投资企业财务状况严重恶化，累计发生亏损，已完成破产清算或者清算期超过 2 年以上的，金融企业无法收回的股权；金融企业对被投资企业不具有控制权，投资期限届满或者投资期限超过 10 年，且被投资企业资不抵债的，金融企业无法收回的股权。 (17) 长期未核类。形成不良资产超过 8 年，经尽职追索后仍未能收回的剩余债权和股权。 (18) 国务院特批类。经国务院专案批准核销的债权。
呆账核销申报	银行申报核销呆账，必须提供以下材料： (1) 借款人或者被投资企业资料，包括呆账核销申报表（银行制作填报）及审核审批资料，债权、股权发生明细材料，借款人（持卡人）、担保人和担保方式、被投资企业的基本情况和现状，财产清算情况等。 (2) 经办行（公司）的调查报告，包括呆账形成的原因，采取的补救措施及其结果，对借款人（持卡人）和担保人具体追收过程及其证明，抵押物（质押物）处置情况，核销的理由，债权和股权经办人、部门负责人和单位负责人情况，对责任人进行处理的有关文件等。 (3) 其他相关材料。不能提供确凿证据证明的呆账，不得核销。
呆账核销审批要点	(1) 呆账核销[解读3]理由是否合规。 (2) 贷款责任人是否已经认定、追究。 (3) 呆账数额是否准确。 (4) 银行债权是否充分受偿。 银行发生的呆账[解读4]： (1) 经逐级上报，由银行总行（总公司）审批核销。 (2) 小额呆账，可授权一级分行（分公司）审批，并上报总行（总公司）备案。 (3) 总行（总公司）对一级分行（分公司）的具体授权额度根据具体情况而定，报主管财政机关备案。 (4) 一级分行不得再向分支机构转授权。

解读3 对符合条件的呆账经批准核销后，做冲减呆账准备处理。

解读4 其他任何机构和个人包括债务人均不得干预、参与银行呆账核销运作。

续 表

项目	内容
不得作为呆账核销的情形	(1) 借款人或者担保人有经济偿还能力，银行未按《金融企业呆账核销管理办法》规定，履行所有可能的措施和实施必要的程序追偿的债权。 (2) 违反法律、法规的规定，以各种形式逃废或者悬空的银行债权。 (3) 因行政干预造成逃废或者造成悬空的银行债权。 (4) 银行未向借款人和担保人追偿的债权。 (5) 其他不应当核销的银行债权或者股权。
呆账核销后的管理	(1) 检查工作：重点检查材料真实性。 (2) 抓好催收工作：债权人享有债务追索权（法律法规规定终结的债务除外）。 (3) 认真做好总结。 ①当年呆账形势和核销工作与往年呆账核销工作的变化。 ②当年申报的呆账的发放时间分布、账龄分布、地区分布、行业分布和期限分布。 ③贷款形成呆账的主要原因，以及从呆账核销中暴露出信贷管理中的问题。 ④当年申报但未核销的呆账笔数和数量，以及不予核销的主要原因。 ⑤当年呆账核销工作的成绩和不足，今后呆账核销工作预测等。
金融企业不良资产批量转让管理	(1) 金融企业：指在中华人民共和国境内依法设立的国有及国有控股商业银行、政策性银行、信托投资公司、财务公司、城市信用社、农村信用社以及国务院银行业监督管理机构依法监督管理的其他国有及国有控股金融企业（金融资产管理公司除外）。 (2) 批量转让：指金融企业对一定规模的不良资产（10 户/项以上）进行组包，定向转让给资产管理公司的行为。 (3) 坚持的原则：依法合规、公开透明、竞争择优、价值最大化原则。 (4) 分级报告。 ①金融企业应在每批次不良资产转让工作结束后 30 个工作日内，向同级财政部门和国务院银行业监督管理机构或属地银保监局报告转让方案及处置结果。 ②金融企业应于每年 2 月 20 日前向同级财政部门和国务院银行业监督管理机构或属地银保监局报送上年度批量转让不良资产情况报告。 ③省级财政部门和银保监局于每年 3 月 30 日前分别将辖区内金融企业上年度批量转让不良资产汇总情况报财政部和国务院银行业监督管理机构。 【提示】中央管理的金融企业报告财政部和国务院银行业监督管理机构，地方管理的金融企业报告同级财政部门和属地银保监局。

典型真题

【单选题】关于呆账核销审批，下列说法正确的是(　　)。

A. 对于任何一笔呆账，分行都没有权力审批

B. 一级分行可以向分支机构转授一些比较小的权力，处理日常工作

C. 对符合条件的呆账经批准核销后，做冲减呆账准备处理

D. 除法律法规和《呆账核销管理办法》的规定外，其他任何机构和个人不得干预、参与银行呆账核销运作，债务人除外

【答案】C【解析】选项A，对于小额呆账，可授权一级分行审批，并上报总行备案；选项B，一级分行一般不得再向分支机构转授权；选项D，其他任何机构和个人包括债务人均不得干预、参与银行呆账核销运作。

真考解读 属于必考点，一般会考2道题。

三、重组（重点掌握）

（一）自主型贷款重组

项目	内容
概念	贷款重组指借款企业由于财务状况恶化或其他原因而出现还款困难时，银行在充分评估贷款风险并与借款企业协商的基础上，修改或重新制订贷款偿还方案，调整贷款合同条款，控制和化解贷款风险的行为。
条件	（1）通过债务重组，借款企业能够改善财务状况，增强偿债能力。 （2）通过债务重组，能够使银行债务先行得到部分偿还。 （3）通过债务重组，能够追加或者完善担保条件。 （4）通过债务重组，能够弥补贷款法律手续方面的重大缺陷。 （5）通过债务重组，可以在其他方面减少银行风险。
方式	（1）变更担保条件。 一般包括以下内容。 ①将抵押或质押转换为保证。 ②将保证转换为抵押或质押，或变更保证人。 ③直接减轻或免除保证人的责任。 （2）调整利率。 （3）调整还款期限。 （4）借款企业变更：借款企业发生合并、分立、股份制改造等情形时，银行同意将部分或全部债务转移到第三方。 （5）债务转为资本[解读5]：指债务人将债务转为资本，同时债权人将债权转为股权的债务重组方式。 （6）以资抵债。 ①条件。 a. 债务人因资不抵债或其他原因关停倒闭、宣告破产，经合法清算后，依照有权部门判决、裁定以其合法资产抵偿银行贷款本息的。

解读5 应付可转换公司债券转为资本的，不能作为债务重组处理。

续 表

<table>
<tr><th>项目</th><th>内容</th></tr>
<tr><td>方式</td><td>b. 债务人故意"悬空"贷款、逃避还贷责任，债务人改制，债务人关闭、停产，债务人挤占挪用信贷资金等其他情况出现时，银行不实施以资抵债信贷资产将遭受损失的。
c. 债务人贷款到期，确无货币资金或货币资金不足以偿还贷款本息，以事先抵押或质押给银行的财产抵偿贷款本息的。
②范围。
a. 动产：机器设备、交通运输工具、借款人的原材料、产成品、半成品等。
b. 不动产：土地使用权、建筑物及其他附着物等。
c. 无形资产：专利权、著作权、期权等。
d. 有价证券：股票和债券等。
e. 其他有效资产。
下列不得用于抵偿债务，但根据人民法院和仲裁机构生效法律文书办理的除外：
a. 抵债资产本身发生的各种欠缴税费，接近、等于或超过该财产价值的。
b. 所有权、使用权不明确或有争议的。
c. 资产已经先于银行抵押或质押给第三人的。
d. 依法被查封、扣押、监管的资产。
e. 债务人公益性质的职工住宅等生活设施、教育设施和医疗卫生设施。
f. 其他无法变现或短期难以变现的资产。
③抵债资产的接收。解读6
a. 借、贷双方的协商议定价值。
b. 借、贷双方共同认可的权威评估部门评估确认的价值。
c. 法院裁决确定的价值。
④管理原则：严格控制原则、合理定价原则（以市场价格为基础）、妥善保管原则、及时处置原则。
⑤保管：每个季度应至少组织一次对抵债资产的账实核对，并做好核对记录。
⑥处置。
a. 抵债资产解读7取得日：抵债协议书生效日，或法院、仲裁机构裁决抵债的终结裁决书生效日。
b. 不动产、股权及除股权外的其他权利应自取得日起 2 年内予以处置。
c. 动产应自取得日起 1 年内予以处置。</td></tr>
</table>

解读6 银行在办理抵债资产接收后应根据抵债资产的类别（包括不动产、动产和权利等）、特点等决定采取上收保管、就地保管、委托保管等方式。

解读7 抵债资产原则上应采用公开拍卖方式进行处置。不适于拍卖的，可根据资产的实际情况采用协议处置、招标处置、打包出售、委托销售等方式变现。

续 表

项目	内容
方式	⑦监督检查。 有下列情况之一者，应视情节轻重进行处理；涉嫌违法犯罪的，应当移交司法机关，依法追究法律责任： a. 截留抵债资产经营处置收入的。 b. 擅自动用抵债资产的。 c. 未经批准收取、处置抵债资产的。 d. 恶意串通抵债人或中介机构，在收取抵债资产过程中故意高估抵债资产价格，或在处理抵债资产过程中故意低估价格，造成银行资产损失的。 e. 玩忽职守，怠于行使职权而造成抵债资产毁损、灭失的。 f. 擅自将抵债资产转为自用资产的。 ⑧考核指标。 a. 抵债资产年处置率 = 1 年内已处理的抵押资产总价（列账的计价价值）/1 年内待处理的抵债资产总价（列账的计价价值） ×100% b. 抵债资产变现率 = 已处理的抵债资产变现价值/已处理抵债资产总价（原列账的计价价值） ×100%

典型真题

【单选题】抵债资产的保管方式一般不包括(　　)。

A. 委托保管　　B. 上收保管　　C. 考核保管　　D. 就地保管

【答案】C【解析】银行在办理抵债资产接收后应根据抵债资产的类别（包括不动产、动产和权利等）、特点等决定采取上收保管、就地保管、委托保管等方式。

【多选题】对抵债资产进行处置的方式包括(　　)。

A. 招标处置　　B. 委托销售　　C. 公开拍卖

D. 协议处置　　E. 打包出售

【答案】ABCDE【解析】抵债资产原则上应采用公开拍卖方式进行处置。不适于拍卖的，可根据资产的实际情况，采用协议处置、招标处置、打包出售、委托销售等方式变现。

（二）司法型贷款重组

项目	内容
破产重整	破产重整指债务人不能清偿到期债务时，债务人、债务人股东或债权人等向法院提出重组申请，在法院主导下，债权人与债务人进行协商，调整债务偿还安排，尽量挽救债务人，避免债务人破产以后对债权人、股东和雇员等人，尤其是对债务企业所在地的公共利益产生重大不利影响。

续 表

项目	内容
和解和整顿	(1) 和解和整顿的概念。 ①和解指人民法院受理债权人提出的破产申请后3个月内，债务人的上级主管部门申请整顿，经债务人与债权人会议就和解协议草案达成一致，由人民法院裁定认可而中止破产程序的过程。 ②整顿指债务人同债权人会议达成的和解协议生效后，由债务人的上级主管部门负责主持并采取措施，力求使濒临破产的企业复苏并能够执行和解协议的过程。 (2) 和解与整顿的关系。 ①和解和整顿融为一体，和解是整顿的前提，整顿是和解成立的结果，没有和解协议生效，就没有整顿程序。 ②和解和整顿又是两个相互独立的程序，和解是破产程序的一个部分，而整顿程序只有在破产程序中止后才能开始。 ③和解和整顿由政府行政部门决定和主持，不符合今天市场经济发展的趋势。

章节练习

一、单选题（以下各小题所给出的四个选项中，只有一项符合题目要求，请选择相应选项，不选、错选均不得分）

1. 不良贷款是指借款人未能按原定的贷款协议按时偿还(　　)的贷款本息的贷款。
   A. 人民银行　B. 银行　C. 企业　D. 商业银行
2. 向人民法院申请保护债权的诉讼时效期间通常为(　　)年。
   A. 3　B. 1　C. 2　D. 5
3. 商业银行在不良资产清收中，委托第三方清收属于(　　)。
   A. 依法清收　B. 以资抵债　C. 常规清收　D. 现金清收
4. 某商业银行的贷款业务发生呆账的，经审核批准核销后，应首先(　　)。
   A. 冲减贷款呆账准备金　B. 冲减税后利润
   C. 增加贷款风险准备金　D. 冲减税前利润
5. 商业银行对抵债资产的账实核对频率至少应为(　　)一次。
   A. 每月　B. 每半年　C. 每旬　D. 每季度

二、多选题（以下各小题所给出的五个选项中，有两项或两项以上符合题目的要求，请选择相应选项，多选、少选、错选均不得分）

1. 抵债资产的管理原则包括(　　)。
   A. 严格控制原则　B. 合理定价原则　C. 妥善保管原则
   D. 及时处置原则　E. 合理分配原则
2. 债权人直接向有管辖权的基层人民法院申请支付令，必须符合的条件有(　　)。
   A. 债务人对已发生法律效力的判决书、调解书不予履行
   B. 支付令能够送达债务人

C. 申请财产已经申请保全

D. 已经进入诉讼程序

E. 债权人与债务人没有其他的债务纠纷

3. 在其他贷款条件没有明显恶化的情况下，具备(　　)条件之一的，商业银行可以考虑办理债务重组。

A. 通过债务重组，能够追加或者完善担保条件

B. 通过债务重组，借款企业能够改善财务状况，增强偿债能力

C. 通过债务重组，可在其他方面减少银行风险

D. 通过债务重组，能够使银行债务先行得到部分偿还

E. 通过债务重组，能够弥补贷款法律手续方面的重大缺陷

三、判断题（请对以下各项描述作出判断，正确的为 A，错误的为 B）

1. 对于借款关系清楚的案件，债权银行可以直接向人民法院申请支付令。(　　)

A. 正确　　　　B. 错误

2. 对于小额呆账核销，银行总行可以授权一级分行审批。(　　)

A. 正确　　　　B. 错误

答案详解

一、单选题

1. D【解析】不良贷款指借款人未能按原定的贷款协议按时偿还商业银行的贷款本息，或者已有迹象表明借款人不可能按原定的贷款协议按时偿还商业银行的贷款本息而形成的贷款。

2. A【解析】向人民法院申请保护债权的诉讼时效期间通常为 3 年。

3. C【解析】常规清收方式：直接追偿、协商处置抵（质）押物、委托第三方清收。

4. A【解析】呆账核销指银行经过内部审核确认后，动用呆账准备金将无法收回或者长期难以收回的贷款或投资从账面上冲销，从而使账面反映的资产和收入更加真实。

5. D【解析】商业银行对抵债资产进行保管时，每个季度应至少组织一次对抵债资产的账实核对，并做好核对记录。核对应做到账簿一致和账实相符，若有不符的，应查明原因，及时报告并据实处理。

二、多选题

1. ABCD【解析】抵债资产管理原则：严格控制原则、合理定价原则（以市场价格为基础）、妥善保管原则、及时处置原则。

2. BE【解析】依法申请支付令，债权人请求债务人偿付贷款本息的，可以不通过诉讼程序，而直接向有管辖权的基层人民法院申请支付令，但必须符合以下条件：①债权人与债务人没有其他债务纠纷；②支付令能够送达债务人的。

3. ABCDE【解析】在其他贷款条件没有明显恶化的情况下，具备以下条件之一的，商业银行可以考虑办理债务重组：①通过债务重组，能够追加或者完善担保条件；②通过债务重组，借款企业能够改善财务状况，增强偿债能力；③通过债务重组，可在其他方面减少银行风险；④通过债务重组，能够使银行债务先行得到部分偿还；⑤通过债务重组，能够弥补贷款法律手续方面的重大缺陷。

三、判断题

1. A【解析】借贷关系清楚的可不经起诉而直接向人民法院申请支付令。

2. A【解析】对于小额呆账，可授权一级分行（分公司）审批，并上报总行（总公司）备案。

附录　公司信贷的相关法律、办法及指引

应试分析

本章主要介绍公司信贷的相关法律、办法及指引。在历次考试中所占的分值约为 5 分，题型包括单选题、多选题和判断题。由于本章涉及的法律法条较多，为了节省考生的备考时间，我们将历次考试中考查频率较高的部分知识点提取出来，并配上相应的考情分析和典型真题。考生在复习时主要针对这些高频的考点进行理解记忆，并多做练习巩固所学知识。

思维导图

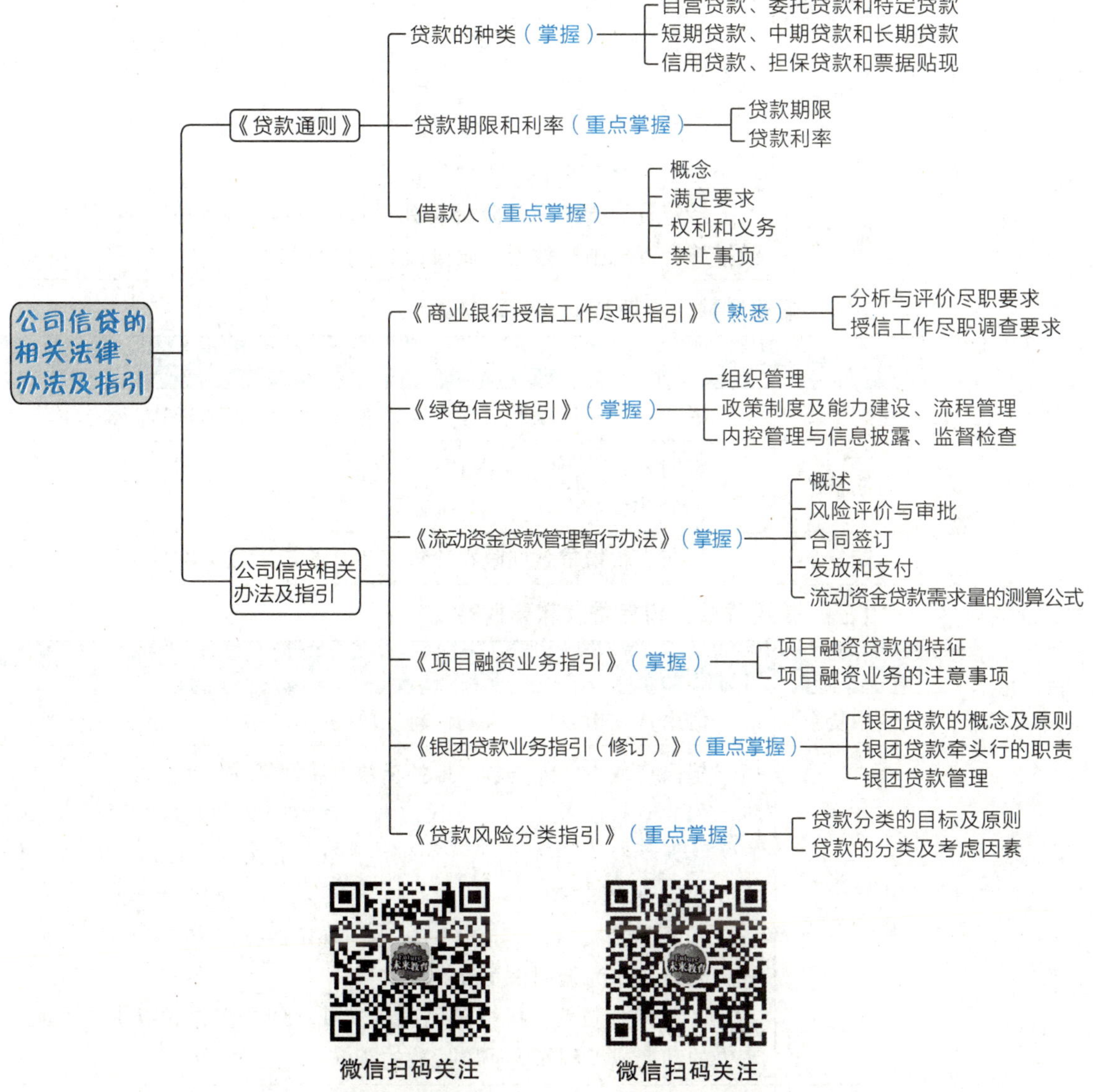

微信扫码关注
畅享在线做题

微信扫码关注
获取免费直播课

知识精讲

第一节 《贷款通则》

真考解读 属于常考点，一般会考1道题。

一、贷款的种类（掌握）

（一）自营贷款、委托贷款和特定贷款

项目	内容
自营贷款	自营贷款指贷款人以合法方式筹集的资金自主发放的贷款，其风险由贷款人承担，并由贷款人收回本金和利息。
委托贷款	委托贷款指由政府部门、企事业单位及个人等委托人提供资金，由贷款人（即受托人）根据委托人确定的贷款对象、用途、金额、期限、利率等代为发放、监督使用并协助收回的贷款。贷款人（受托人）只收取手续费，不承担贷款风险。
特定贷款	特定贷款指经国务院批准并对贷款可能造成的损失采取相应补救措施后责成国有独资商业银行发放的贷款。

（二）短期贷款、中期贷款和长期贷款

项目	内容
短期贷款	短期贷款指贷款期限在1年以内（含1年）的贷款。
中期贷款	中期贷款指贷款期限在1年以上（不含1年）5年以下（含5年）的贷款。
长期贷款	长期贷款指贷款期限在5年（不含5年）以上的贷款。

（三）信用贷款、担保贷款和票据贴现

项目	内容
信用贷款	信用贷款指以借款人的信誉发放的贷款。
担保贷款	担保贷款指保证贷款、抵押贷款、质押贷款。 （1）保证贷款，指按《民法典》规定的保证方式以第三人承诺在借款人不能偿还贷款时，按约定承担一般保证责任或者连带责任而发放的贷款。 （2）抵押贷款，指按《民法典》规定的抵押方式以借款人或第三人的财产作为抵押物发放的贷款。 （3）质押贷款，指按《民法典》规定的质押方式以借款人或第三人的动产或权利作为质物发放的贷款。
票据贴现	票据贴现指贷款人以购买借款人未到期商业票据的方式发放的贷款。

典型真题

【单选题】根据《贷款通则》，中期贷款是指贷款期限在(　　)的贷款。

A. 1年以上3年以下　　B. 1年以上（不含1年）5年以下（含5年）

C. 10年以下　　D. 6个月以上1年以下

【答案】B【解析】中期贷款是指贷款期限在1年以上（不含1年）5年以下（含5年）的贷款。

二、贷款期限和利率（重点掌握）

真考解读 属于必考点，一般会考1道题。

项目	内容
贷款期限	（1）贷款期限：贷款期限根据借款人的生产经营周期、还款能力和贷款人的资金供给能力由借贷双方共同商议后确定，并在借款合同中载明。自营贷款期限最长一般不得超过10年，超过10年应当报中国人民银行备案。票据贴现的贴现期限最长不得超过6个月，贴现期限为从贴现之日起到票据到期日止。 （2）贷款展期[解读1]：不能按期归还贷款的，借款人应当在贷款到期日之前，向贷款人申请贷款展期。是否展期由贷款人决定。申请保证贷款、抵押贷款、质押贷款展期的，还应当由保证人、抵押人、出质人出具同意的书面证明。已有约定的，按照约定执行。 短期贷款展期期限累计不得超过原贷款期限；中期贷款展期期限累计不得超过原贷款期限的一半；长期贷款展期期限累计不得超过3年。国家另有规定者除外。借款人未申请展期或申请展期未得到批准，其贷款从到期日次日起，转入逾期贷款账户。
贷款利率	（1）贷款利率的确定。 贷款人应当按照中国人民银行规定的贷款利率的上下限，确定每笔贷款利率，并在借款合同中载明。 （2）贷款利息[解读2]的计收。 ①贷款人和借款人应当按借款合同和中国人民银行有关计息规定按期计收或交付利息。 ②贷款的展期期限加上原期限达到新的利率期限档次时，从展期之日起，贷款利息按新的期限档次利率计收。 ③逾期贷款按规定计收罚息。 （3）贷款的贴息。 ①根据国家政策，为了促进某些产业和地区经济的发展，有关部门可以对贷款补贴利息。 ②对有关部门贴息的贷款，承办银行应当自主审查发放，并根据《贷款通则》有关规定严格管理。

解读1 必考点：贷款期限和贷款展期中关于时间的规定。

解读2 在贷款规模一定的情况下，利息收入主要取决于利率和期限。贷款的期限越长，利率越高，收益也越大。

续 表

项目	内容
贷款利率	（4）贷款停息、减息、缓息和免息。 除国务院决定外，任何单位和个人无权决定停息、减息、缓息和免息。贷款人应当依据国务院决定，按照职责权限范围具体办理停息、减息、缓息和免息。

典型真题

【单选题】在贷款规模一定的情况下，银行的利息收入由(　　)决定。

A. 贷款期限　　B. 客户规模

C. 利率和期限　　D. 贷款利率

【答案】C【解析】在贷款规模一定的情况下，利息收入主要取决于利率和期限。贷款的期限越长，利率越高，收益也越大。

真考解读 属于必考点，一般会考1道题。

三、借款人（重点掌握）

项目	内容
概念	借款人应当是经工商行政管理机关（或主管机关）核准登记的企（事）业法人、其他经济组织、个体工商户或具有中华人民共和国国籍的具有完全民事行为能力的自然人。
满足要求	（1）有按期还本付息的能力，原应付贷款利息和到期贷款已清偿；没有清偿的，已经做了贷款人认可的偿还计划。 （2）除自然人和不需要经工商部门核准登记的事业法人外，应当经过工商部门办理年检手续。 （3）已开立基本账户或一般存款账户。 （4）除国务院规定外，有限责任公司和股份有限公司对外股本权益性投资累计额未超过其净资产总额的50%。 （5）借款人的资产负债率符合贷款人的要求。 （6）申请中期、长期贷款的，新建项目的企业法人所有者权益与项目所需总投资的比例不低于国家规定的投资项目的资本金比例。
权利和义务	（1）借款人的权利。 ①可以自主向主办银行或者其他银行的经办机构申请贷款并依条件取得贷款。 ②有权按合同约定提取和使用全部贷款。 ③有权拒绝借款合同以外的附加条件。 ④有权向贷款人的上级和中国人民银行反映、举报有关情况。 ⑤在征得贷款人同意后，有权向第三人转让债务。

续 表

项目	内容
权利和义务	（2）借款人的义务。 ①应当如实提供贷款人要求的资料（法律规定不能提供者除外），应当向贷款人如实提供所有开户行、账号及存贷款余额情况，配合贷款人的调查、审查和检查。 ②应当接受贷款人对其使用信贷资金情况和有关生产经营、财务活动的监督。 ③应当按借款合同约定用途使用贷款。 ④应当按借款合同约定及时清偿贷款本息。 ⑤将债务全部或部分转让给第三人的，应当取得贷款人的同意。 ⑥有危及贷款人债权安全情况时，应当及时通知贷款人，同时采取保全措施。
禁止事项	（1）不得在一个贷款人同一辖区内的两个或两个以上同级分支机构取得贷款。 （2）不得向贷款人提供虚假的或者隐瞒重要事实的资产负债表、损益表等。 （3）不得用贷款从事股本权益性投资，国家另有规定的除外。 （4）不得用贷款在有价证券、期货等方面从事投机经营。 （5）除依法取得经营房地产资格的借款人以外，不得用贷款经营房地产业务。依法取得经营房地产资格的借款人，不得用贷款从事房地产投机。 （6）不得套取贷款用于借贷谋取非法收入。 （7）不得违反国家外汇管理规定使用外币贷款。 （8）不得采取欺诈手段骗取贷款。

典型真题

【多选题】根据《贷款通则》的规定，借款人的义务包括(　　)。

A. 应当按借款合同约定用途使用贷款

B. 应当接受借款合同以外的附加条件

C. 应当拒绝向银行提供所有开户行、账号及存贷款余额情况

D. 债务全部或部分转让给第三方的，应当取得贷款人的同意

E. 应当拒绝贷款人对其信贷资金使用情况的监督

【答案】AD【解析】借款人的义务如下：①应当如实提供贷款人要求的资料（法律规定不能提供者除外），应当向贷款人如实提供所有开户行、账号及存贷款余额情况，配合贷款人的调查、审查和检查；②应当接受贷款人对其使用信贷资金情况和有关生产经营、财务活动的监督；③应当按借款合同约定用途使用贷款；④应当按借款合同约定及时清偿贷款本息；⑤将债务全部或部分转让给第三人的，应当取得贷款人的同意；⑥有危及贷款人债权安全情况时，应当及时通知贷款人，同时采取保全措施。

第二节 公司信贷相关办法及指引

真考解读 考查相对较少，考生熟悉即可。

一、《商业银行授信工作尽职指引》（熟悉）

（一）分析与评价尽职要求

第二十三条 商业银行应根据不同授信品种的特点，对客户申请的授信业务进行分析评价，重点关注可能影响授信安全的因素，有效识别各类风险。主要授信品种的风险提示参见《附录》中的“主要授信品种风险分析提示”[解读1]。

解读1 “主要授信品种风险分析提示”“非财务因素分析风险提示”可扫描本节名旁边的二维码查看。

第二十四条 商业银行应认真评估客户的财务报表，对影响客户财务状况的各项因素进行分析评价，预测客户未来的财务和经营情况。必要时应进行利率、汇率等的敏感度分析。

第二十五条 商业银行应对客户的非财务因素进行分析评价，对客户公司治理、管理层素质、履约记录、生产装备和技术能力、产品和市场、行业特点以及宏观经济环境等方面的风险进行识别，风险提示参见《附录》中的“非财务因素分析风险提示”。

第二十六条 商业银行应对客户的信用等级进行评定并予以记载。必要时可委托独立的、资质和信誉较高的外部评级机构完成。

第二十七条 商业银行应根据国家法律、法规、有关方针政策以及本行信贷制度，对授信项目的技术、市场、财务等方面的可行性进行评审，并以书面形式予以记载。

第二十八条 商业银行应对第二还款来源进行分析评价，确认保证人的保证主体资格和代偿能力，以及抵押、质押的合法性、充分性和可实现性。

第二十九条 商业银行应根据各环节授信分析评价的结果，形成书面的分析评价报告。分析评价报告应详细注明客户的经营、管理、财务、行业和环境等状况，内容应真实、简洁、明晰。分析评价报告报出后，不得在原稿上作原则性更改；如需作原则性更改，应另附说明。

第三十条 在客户信用等级和客户评价报告的有效期内，对发生影响客户资信的重大事项，商业银行应重新进行授信分析评价。重大事项包括：

（1）外部政策变动；

（2）客户组织结构、股权或主要领导人发生变动；

（3）客户的担保超过所设定的担保警戒线；

（4）客户财务收支能力发生重大变化；

（5）客户涉及重大诉讼；

（6）客户在其他银行交叉违约的历史记录；

（7）其他。

（二）授信工作尽职调查要求

第四十七条 商业银行应设立独立的授信工作尽职调查岗位，明确岗位职责和工作要求。

从事授信尽职调查的人员应具备较完备的授信、法律、财务等知识，接受相关培训，并依诚信和公正原则开展工作。

第四十八条　商业银行应支持授信工作尽职调查人员独立行使尽职调查职能，调查可采取现场或非现场的方式进行。必要时，可聘请外部专家或委托专业机构开展特定的授信尽职调查工作。

第四十九条　商业银行对授信业务流程的各项活动都须进行尽职调查，评价授信工作人员是否勤勉尽责，确定授信工作人员是否免责。被调查人员应积极配合调查人员的工作。授信工作尽职调查人员应及时报告尽职调查结果。

第五十条　商业银行对授信工作尽职调查人员发现的问题，经过确认的程序，应责成相关授信工作人员及时进行纠正。

第五十一条　商业银行应根据授信工作尽职调查人员的调查结果，对具有以下情节的授信工作人员依法、依规追究责任。

（1）进行虚假记载、误导性陈述或重大疏漏的；

（2）未对客户资料进行认真和全面核实的；

（3）授信决策过程中超越权限、违反程序审批的；

（4）未按照规定时间和程序对授信和担保物进行授信后检查的；

（5）授信客户发生重大变化和突发事件时，未及时实地调查的；

（6）未根据预警信号及时采取必要保全措施的；

（7）故意隐瞒真实情况的；

（8）不配合授信尽职调查人员工作或提供虚假信息的；

（9）其他。

第五十二条　对于严格按照授信业务流程及有关法规，在客户调查和业务受理、授信分析与评价、授信决策与实施、授信后管理和问题授信管理等环节都勤勉尽职地履行职责的授信工作人员，授信一旦出现问题，可视情况免除相关责任。

二、《绿色信贷指引》（掌握）

真考解读 属于常考点，一般会考1道题。

（一）组织管理

第六条　银行业金融机构董事会或理事会应当树立并推行节约、环保、可持续发展等绿色信贷理念，重视发挥银行业金融机构在促进经济社会全面、协调、可持续发展中的作用，建立与社会共赢的可持续发展模式。

第七条　银行业金融机构董事会或理事会负责确定绿色信贷发展战略，审批高级管理层制定的绿色信贷目标和提交的绿色信贷报告，监督、评估本机构绿色信贷发展战略执行情况。

第八条　银行业金融机构高级管理层应当根据董事会或理事会的决定，制定绿色信贷目标，建立机制和流程，明确职责和权限，开展内控检查和考核评价，每年度向董事会或理事会报告绿色信贷发展情况，并及时向监管机构报送相关情况。

第九条　银行业金融机构高级管理层应当明确一名高管人员及牵头管理部门，配备相应资源，组织开展并归口管理绿色信贷各项工作。必要时可以设立跨部门的绿色信贷委员会，协调相关工作。

（二）政策制度及能力建设、流程管理

项目	内容
政策制度及能力建设	第十条　银行业金融机构应当根据国家环保法律法规、产业政策、行业准入政策等规定，建立并不断完善环境和社会风险管理的政策、制度和流程，明确绿色信贷的支持方向和重点领域，对国家重点调控的限制类以及有重大环境和社会风险的行业制定专门的授信指引，实行有差别、动态的授信政策，实施风险敞口管理制度。 第十一条　银行业金融机构应当制定针对客户的环境和社会风险评估标准，对客户的环境和社会风险进行动态评估与分类，相关结果应当作为其评级、信贷准入、管理和退出的重要依据，并在贷款“三查”、贷款定价和经济资本分配等方面采取差别化的风险管理措施。 银行业金融机构应当对存在重大环境和社会风险的客户实行名单制管理，要求其采取风险缓释措施，包括制定并落实重大风险应对预案，建立充分、有效的利益相关方沟通机制，寻求第三方分担环境和社会风险等。 第十二条　银行业金融机构应当建立有利于绿色信贷创新的工作机制，在有效控制风险和商业可持续的前提下，推动绿色信贷流程、产品和服务创新。 第十三条　银行业金融机构应当重视自身的环境和社会表现，建立相关制度，加强绿色信贷理念宣传教育，规范经营行为，推行绿色办公，提高集约化管理水平。 第十四条　银行业金融机构应当加强绿色信贷能力建设，建立健全绿色信贷标识和统计制度，完善相关信贷管理系统，加强绿色信贷培训，培养和引进相关专业人才。必要时可以借助合格、独立的第三方对环境和社会风险进行评审或通过其他有效的服务外包方式，获得相关专业服务。
流程管理	第十五条　银行业金融机构应当加强授信尽职调查，根据客户及其项目所处行业、区域特点，明确环境和社会风险尽职调查的内容，确保调查全面、深入、细致。必要时可以寻求合格、独立的第三方和相关主管部门的支持。 第十六条　银行业金融机构应当对拟授信客户进行严格的合规审查，针对不同行业的客户特点，制定环境和社会方面的合规文件清单和合规风险审查清单，确保客户提交的文件和相关手续的合规性、

续　表

项目	内容
流程管理	有效性和完整性，确信客户对相关风险点有足够的重视和有效的动态控制，符合实质合规要求。 　　第十七条　银行业金融机构应当加强授信审批管理，根据客户面临的环境和社会风险的性质和严重程度，确定合理的授信权限和审批流程。对环境和社会表现不合规的客户，应当不予授信。 　　第十八条　银行业金融机构应当通过完善合同条款督促客户加强环境和社会风险管理。对涉及重大环境和社会风险的客户，在合同中应当要求客户提交环境和社会风险报告，订立客户加强环境和社会风险管理的声明和保证条款，设定客户接受贷款人监督等承诺条款，以及客户在管理环境和社会风险方面违约时银行业金融机构的救济条款。 　　第十九条　银行业金融机构应当加强信贷资金拨付管理，将客户对环境和社会风险的管理状况作为决定信贷资金拨付的重要依据。在已授信项目的设计、准备、施工、竣工、运营、关停等各环节，均应当设置环境和社会风险评估关卡，对出现重大风险隐患的，可以中止直至终止信贷资金拨付。 　　第二十条　银行业金融机构应当加强贷后管理，对有潜在重大环境和社会风险的客户，制定并实行有针对性的贷后管理措施。密切关注国家政策对客户经营状况的影响，加强动态分析，并在资产风险分类、准备计提、损失核销等方面及时做出调整。建立健全客户重大环境和社会风险的内部报告制度和责任追究制度。在客户发生重大环境和社会风险事件时，应当及时采取相关的风险处置措施，并就该事件可能对银行业金融机构造成的影响向监管机构报告。 　　第二十一条　银行业金融机构应当加强对拟授信的境外项目的环境和社会风险管理，确保项目发起人遵守项目所在国家或地区有关环保、土地、健康、安全等相关法律法规。对拟授信的境外项目公开承诺采用相关国际惯例或国际准则，确保对拟授信项目的操作与国际良好做法在实质上保持一致。

（三）内控管理与信息披露、监督检查

项目	内容
内控管理与信息披露	第二十二条　银行业金融机构应当将绿色信贷执行情况纳入内控合规检查范围，定期组织实施绿色信贷内部审计。检查发现重大问题的，应当依据规定进行问责。 　　第二十三条　银行业金融机构应当建立有效的绿色信贷考核评价体系和奖惩机制，落实激励约束措施，确保绿色信贷持续有效开展。

续 表

项目	内容
内控管理与信息披露	第二十四条　银行业金融机构应当公开绿色信贷战略和政策，充分披露绿色信贷发展情况。对涉及重大环境与社会风险影响的授信情况，应当依据法律法规披露相关信息，接受市场和利益相关方的监督。必要时可以聘请合格、独立的第三方，对银行业金融机构履行环境和社会责任的活动进行评估或审计。
监督检查	第二十五条　各级银行业监管机构应当加强与相关主管部门的协调配合，建立健全信息共享机制，完善信息服务，向银行业金融机构提示相关环境和社会风险。 第二十六条　各级银行业监管机构应当加强非现场监管，完善非现场监管指标体系，强化对银行业金融机构面临的环境和社会风险的监测分析，及时引导其加强风险管理，调整信贷投向。 银行业金融机构应当根据本指引要求，至少每两年开展一次绿色信贷的全面评估工作，并向银行业监管机构报送自我评估报告。 第二十七条　银行业监管机构组织开展现场检查，应当充分考虑银行业金融机构面临的环境和社会风险，明确相关检查内容和要求。对环境和社会风险突出的地区或银行业金融机构，应当开展专项检查，并根据检查结果督促其整改。 第二十八条　银行业监管机构应当加强对银行业金融机构绿色信贷自我评估的指导，并结合非现场监管和现场检查情况，全面评估银行业金融机构的绿色信贷成效，按照相关法律法规将评估结果作为银行业金融机构监管评级、机构准入、业务准入、高管人员履职评价的重要依据。

典型真题

【单选题】下列关于绿色信贷表述，错误的是（　　）。

A. 银行业金融机构应当将绿色信贷执行情况纳入内控合规检查范围，定期组织实施绿色信贷内部审计，检查发现重大问题的，应当依据规定进行问责

B. 银行业金融机构应当公开绿色信贷战略和政策，充分披露绿色信贷发展情况

C. 银行业金融机构必须聘请合格、独立的第三方，对银行业金融机构履行环境和社会责任的活动进行评估或审计

D. 对涉及重大环境与社会风险影响的授信情况，银行业金融机构应当依据法律法规披露相关信息，接受市场和利益相关方的监督

【答案】C【解析】必要时可以聘请合格、独立的第三方，对银行业金融机构履行环境和社会责任的活动进行评估或审计。故选项 C 错误。

三、《流动资金贷款管理暂行办法》（掌握）

真考解读 属于常考点，一般会考1道题。

（一）概述

第三条　本办法所称流动资金贷款，是指贷款人向企（事）业法人或国家规定可以作为借款人的其他组织发放的用于借款人日常生产经营周转的本外币贷款。

第四条　贷款人开展流动资金贷款业务，应当遵循依法合规、审慎经营、平等自愿、公平诚信的原则。

第五条　贷款人应完善内部控制机制，实行贷款全流程管理，全面了解客户信息，建立流动资金贷款风险管理制度和有效的岗位制衡机制，将贷款管理各环节的责任落实到具体部门和岗位，并建立各岗位的考核和问责机制。

第六条　贷款人应合理测算借款人营运资金需求，审慎确定借款人的流动资金授信总额及具体贷款的额度，不得超过借款人的实际需求发放流动资金贷款。贷款人应根据借款人生产经营的规模和周期特点，合理设定流动资金贷款的业务品种和期限，以满足借款人生产经营的资金需求，实现对贷款资金回笼的有效控制。

第七条　贷款人应将流动资金贷款纳入对借款人及其所在集团客户的统一授信管理，并按区域、行业、贷款品种等维度建立风险限额管理制度。

第八条　贷款人应根据经济运行状况、行业发展规律和借款人的有效信贷需求等，合理确定内部绩效考核指标，不得制订不合理的贷款规模指标，不得恶性竞争和突击放贷。

第九条　贷款人应与借款人约定明确、合法的贷款用途。

流动资金贷款不得用于固定资产、股权等投资，不得用于国家禁止生产、经营的领域和用途。

流动资金贷款不得挪用，贷款人应按照合同约定检查、监督流动资金贷款的使用情况。

（二）风险评价与审批

第十四条　贷款人应建立完善的风险评价机制，落实具体的责任部门和岗位，全面审查流动资金贷款的风险因素。

第十五条　贷款人应建立和完善内部评级制度，采用科学合理的评级和授信方法，评定客户信用等级，建立客户资信记录。

第十六条　贷款人应根据借款人经营规模、业务特征及应收账款、存货、应付账款、资金循环周期等要素测算其营运资金需求（测算方法参考附件），综合考虑借款人现金流、负债、还款能力、担保等因素，合理确定贷款结构，包括金额、期限、利率、担保和还款方式等。

第十七条　贷款人应根据贷审分离、分级审批的原则，建立规范的流动资金贷款评审制度和流程，确保风险评价和信贷审批的独立性。

贷款人应建立健全内部审批授权与转授权机制。审批人员应在授权范围内按规定流程审批贷款，不得越权审批。

（三）合同签订

第十八条　贷款人应和借款人及其他相关当事人签订书面借款合同及其他相关协议，需担保的应同时签订担保合同。

第十九条　贷款人应在借款合同中与借款人明确约定流动资金贷款的金额、期限、利率、用途、支付、还款方式等条款。

第二十条　前条所指支付条款，包括但不限于以下内容：

（1）贷款资金的支付方式和贷款人受托支付的金额标准；

（2）支付方式变更及触发变更条件；

（3）贷款资金支付的限制、禁止行为；

（4）借款人应及时提供的贷款资金使用记录和资料。

第二十一条　贷款人应在借款合同中约定由借款人承诺以下事项：

（1）向贷款人提供真实、完整、有效的材料；

（2）配合贷款人进行贷款支付管理、贷后管理及相关检查；

（3）进行对外投资、实质性增加债务融资，以及进行合并、分立、股权转让等重大事项前征得贷款人同意；

（4）贷款人有权根据借款人资金回笼情况提前收回贷款；

（5）发生影响偿债能力的重大不利事项时及时通知贷款人。

第二十二条　贷款人应与借款人在借款合同中约定，出现以下情形之一时，借款人应承担的违约责任和贷款人可采取的措施：

（1）未按约定用途使用贷款的；

（2）未按约定方式进行贷款资金支付的；

（3）未遵守承诺事项的；

（4）突破约定财务指标的；

（5）发生重大交叉违约事件的；

（6）违反借款合同约定的其他情形的。

（四）发放和支付

第二十三条　贷款人应设立独立的责任部门或岗位，负责流动资金贷款发放和支付审核。

第二十四条　贷款人在发放贷款前应确认借款人满足合同约定的提款条件，并按照合同约定通过贷款人受托支付或借款人自主支付的方式对贷款资金的支付进行管理与控制，监督贷款资金按约定用途使用。

贷款人受托支付是指贷款人根据借款人的提款申请和支付委托，将贷款通过借款人账户支付给符合合同约定用途的借款人交易对象。

借款人自主支付指贷款人根据借款人的提款申请将贷款资金发放至借款人账户后，由借款人自主支付给符合合同约定用途的借款人交易对象。

第二十五条　贷款人应根据借款人的行业特征、经营规模、管理水平、信用状况等因素和贷款业务品种，合理约定贷款资金支付方式及贷款人受托支付的金额标准。

第二十六条　具有以下情形之一的流动资金贷款，原则上应采用贷款人受托支付方式：

（1）与借款人新建立信贷业务关系且借款人信用状况一般；

（2）支付对象明确且单笔支付金额较大；

（3）贷款人认定的其他情形。

第二十七条　采用贷款人受托支付的，贷款人应根据约定的贷款用途，审核借款人提供的支付申请所列支付对象、支付金额等信息是否与相应的商务合同等证明材料相符。审核同意后，贷款人应将贷款资金通过借款人账户支付给借款人交易对象。

第二十八条　采用借款人自主支付的，贷款人应按借款合同约定要求借款人定期汇总报告贷款资金支付情况，并通过账户分析、凭证查验或现场调查等方式核查贷款支付是否符合约定用途。

第二十九条　贷款支付过程中，借款人信用状况下降、主营业务盈利能力不强、贷款资金使用出现异常的，贷款人应与借款人协商补充贷款发放和支付条件，或根据合同约定变更贷款支付方式、停止贷款资金的发放和支付。

（五）流动资金贷款需求量的测算公式

1. 估算借款人营运资金量

借款人营运资金量影响因素主要包括现金、存货、应收账款、应付账款、预收账款、预付账款等。在调查基础上，预测各项资金周转时间变化，合理估算借款人营运资金量。在实际测算中，借款人营运资金需求可参考如下公式：

营运资金量＝上年度销售收入×（1－上年度销售利润率）×（1＋预计销售收入年增长率）/营运资金周转次数

其中，营运资金周转次数＝360/（存货周转天数＋应收账款周转天数－应付账款周转天数＋预付账款周转天数－预收账款周转天数）

周转天数＝360/周转次数

应收账款周转次数＝销售收入/平均应收账款余额

预收账款周转次数＝销售收入/平均预收账款余额

存货周转次数＝销售成本/平均存货余额

预付账款周转次数＝销售成本/平均预付账款余额

应付账款周转次数＝销售成本/平均应付账款余额

2. 估算新增流动资金贷款额度

新增流动资金贷款额度＝营运资金量－借款人自有资金－现有流动资金贷款－其他渠道提供的营运资金

典型真题

【单选题】某啤酒生产企业2016年销售收入净额为6000万元，年初应收账款余额为300万元，年末应收账款余额为500万元，每年按360天计算，则该公司的应收账款周转天数为(　　)天。

A. 17　　B. 24　　C. 15　　D. 22

【答案】B【解析】应收账款周转次数 = 销售收入/平均应收账款余额，周转天数 = 360/周转次数。将题中数据代入，平均应收账款余额 = (500 + 300) ÷ 2 = 400（万元），应收账款周转天数 = 360 ÷ (6000 ÷ 400) = 24（天）。

真考解读 属于常考点，一般会考1道题。

四、《项目融资业务指引》（掌握）

项目	内容
项目融资贷款的特征	(1) 贷款用途通常是用于建造一个或一组大型生产装置、基础设施、房地产项目或其他项目，包括对在建或已建项目的再融资。 (2) 借款人通常是为建设、经营该项目或为该项目融资而专门组建的企事业法人，包括主要从事该项目建设、经营或融资的既有企事业法人。 (3) 还款资金来源主要依赖该项目产生的销售收入、补贴收入或其他收入，一般不具备其他还款来源。
项目融资业务的注意事项	第四条　贷款人从事项目融资业务，应当具备对所从事项目的风险识别和管理能力，配备业务开展所需要的专业人员，建立完善的操作流程和风险管理机制。 贷款人可以根据需要，委托或者要求借款人委托具备相关资质的独立中介机构为项目提供法律、税务、保险、技术、环保和监理等方面的专业意见或服务。 第五条　贷款人提供项目融资的项目，应当符合国家产业、土地、环保和投资管理等相关政策。 第六条　贷款人从事项目融资业务，应当充分识别和评估融资项目中存在的建设期风险和经营期风险，包括政策风险、筹资风险、完工风险、产品市场风险、超支风险、原材料风险、营运风险、汇率风险、环保风险和其他相关风险。 第七条　贷款人从事项目融资业务，应当以偿债能力分析为核心，重点从项目技术可行性、财务可行性和还款来源可靠性等方面评估项目风险，充分考虑政策变化、市场波动等不确定因素对项目的影响，审慎预测项目的未来收益和现金流。 第八条　贷款人应当按照国家关于固定资产投资项目资本金制度的有关规定，综合考虑项目风险水平和自身风险承受能力等因素，合理确定贷款金额。

续 表

项目	内容
项目融资业务的注意事项	第九条　贷款人应当根据项目预测现金流和投资回收期等因素，合理确定贷款期限和还款计划。 第十条　贷款人应当按照中国人民银行关于利率管理的有关规定，根据风险收益匹配原则，综合考虑项目风险、风险缓释措施等因素，合理确定贷款利率。 贷款人可以根据项目融资在不同阶段的风险特征和水平，采用不同的贷款利率。 第十一条　贷款人应当要求将符合抵质押条件的项目资产和/或项目预期收益等权利为贷款设定担保，并可以根据需要，将项目发起人持有的项目公司股权为贷款设定质押担保。 贷款人应当要求成为项目所投保商业保险的第一顺位保险金请求权人，或采取其他措施有效控制保险赔款权益。 第十二条　贷款人应当采取措施有效降低和分散融资项目在建设期和经营期的各类风险。 贷款人应当以要求借款人或者通过借款人要求项目相关方签订总承包合同、投保商业保险、建立完工保证金、提供完工担保和履约保函等方式，最大限度降低建设期风险。 贷款人可以以要求借款人签订长期供销合同、使用金融衍生工具或者发起人提供资金缺口担保等方式，有效分散经营期风险。 第十三条　贷款人可以通过为项目提供财务顾问服务，为项目设计综合金融服务方案，组合运用各种融资工具，拓宽项目资金来源渠道，有效分散风险。 第十四条　贷款人应当按照《固定资产贷款管理暂行办法》的有关规定，恰当设计账户管理、贷款资金支付、借款人承诺、财务指标控制、重大违约事项等项目融资合同条款，促进项目正常建设和运营，有效控制项目融资风险。 第十五条　贷款人应当根据项目的实际进度和资金需求，按照合同约定的条件发放贷款资金。贷款发放前，贷款人应当确认与拟发放贷款同比例的项目资本金足额到位，并与贷款配套使用。 第十六条　贷款人应当按照《固定资产贷款管理暂行办法》关于贷款发放与支付的有关规定，对贷款资金的支付实施管理和控制，必要时可以与借款人在借款合同中约定专门的贷款发放账户。 采用贷款人受托支付方式的，贷款人在必要时可以要求借款人、独立中介机构和承包商等共同检查设备建造或者工程建设进度，并根据出具的、符合合同约定条件的共同签证单，进行贷款支付。 第十七条　贷款人应当与借款人约定专门的项目收入账户，并要求所有项目收入进入约定账户，并按照事先约定的条件和方式对外支付。

续 表

项目	内容
项目融资业务的注意事项	贷款人应当对项目收入账户进行动态监测，当账户资金流动出现异常时，应当及时查明原因并采取相应措施。 第十八条　在贷款存续期间，贷款人应当持续监测项目的建设和经营情况，根据贷款担保、市场环境、宏观经济变动等因素，定期对项目风险进行评价，并建立贷款质量监控制度和风险预警体系。出现可能影响贷款安全情形的，应当及时采取相应措施。

典型真题

【判断题】贷款人可以根据项目融资在不同阶段的风险特征和水平，采用不同的贷款利率。(　　)

A. 正确　　　　B. 错误

【答案】A【解析】贷款人可以根据项目融资在不同阶段的风险特征和水平，采用不同的贷款利率。

真考解读 属于必考点，一般会考2道题。

五、《银团贷款业务指引（修订）》（重点掌握）

项目	内容
银团贷款的概念及原则	（1）概念：银团贷款指由两家或两家以上银行基于相同贷款条件，依据同一贷款合同，按约定时间和比例，通过代理行向借款人提供的本外币贷款或授信业务。 （2）坚持的原则：坚持平等互利、公平协商、诚实履约、风险自担的原则。
银团贷款牵头行[解读2]的职责	（1）发起和筹组银团贷款，分销银团贷款份额。 （2）对借款人进行贷前尽职调查，草拟银团贷款信息备忘录，并向潜在的参加行推荐。 （3）代表银团与借款人谈判确定银团贷款条件。 （4）代表银团聘请相关中介机构起草银团贷款法律文本。 （5）组织银团成员与借款人签订书面银团贷款合同。 （6）银团贷款合同确定的其他职责。
银团贷款管理	第三十条　银团贷款的日常管理工作主要由代理行负责。代理行应在银团贷款存续期内跟踪了解项目的进展情况，及时发现银团贷款可能出现的问题，并以书面形式尽快通报银团成员。 第三十一条　银团贷款存续期间，银团会议由代理行负责定期召集，或者根据银团贷款合同的约定由一定比例的银团成员提议召开。银团会议的主要职能是讨论、协商银团贷款管理中的重大事项。

解读2 单家银行担任牵头行时，其承贷份额原则上不得少于银团融资总金额的20%；分销给其他银团成员的份额原则上不得低于50%。

续 表

项目	内容
银团贷款管理	第三十二条　银团会议商议的重大事项主要包括：修改银团贷款合同、调整贷款额度、变更担保、变动利率、终止银团贷款、通报企业并购和重大关联交易、认定借款人违约事项、贷款重组和调整代理行等。 第三十七条　开办银团贷款业务的银行应当定期向当地银行业协会报送银团贷款有关信息。内容包括：银团贷款一级市场的包销量及持有量、二级市场的转让量，银团贷款的利率水平、费率水平、贷款期限、担保条件、借款人信用评级等。

典型真题

【单选题】开办银团贷款业务的银行应当定期向当地（　　）报送银团贷款有关信息。

A. 人民银行　　B. 金融工作办公室

C. 银行业协会　　D. 银行业监管机构

【答案】C **【解析】**开办银团贷款业务的银行应当定期向当地银行业协会报送银团贷款有关信息。

六、《贷款风险分类指引》（重点掌握）

真考解读 属于必考点，一般会考1道题。

（一）贷款分类的目标及原则

项目	内容
贷款分类的目标	（1）揭示贷款的实际价值和风险程度，真实、全面、动态地反映贷款质量。 （2）及时发现信贷管理过程中存在的问题，加强贷款管理。 （3）为判断贷款损失准备金是否充足提供依据。
贷款分类遵循的原则	（1）真实性原则。分类应真实客观地反映贷款的风险状况。 （2）及时性原则。应及时、动态地根据借款人经营管理等状况的变化调整分类结果。 （3）重要性原则。对影响贷款分类的诸多因素，要根据《贷款风险分类指引》第五条的核心定义确定关键因素进行评估和分类。 （4）审慎性原则。对难以准确判断借款人还款能力的贷款，应适度下调其分类等级。

（二）贷款的分类及考虑因素

项目	内容
贷款分类[解读3]	（1）正常：借款人能够履行合同，没有足够理由怀疑贷款本息不能按时足额偿还。

解读3 同一笔贷款不得进行拆分分类。

续　表

项目	内容
贷款分类	（2）关注：尽管借款人目前有能力偿还贷款本息，但存在一些可能对偿还产生不利影响的因素。 （3）次级：借款人的还款能力出现明显问题，完全依靠其正常营业收入无法足额偿还贷款本息，即使执行担保，也可能会造成一定损失。 （4）可疑：借款人无法足额偿还贷款本息，即使执行担保，也肯定要造成较大损失。 （5）损失：在采取所有可能的措施或一切必要的法律程序之后，本息仍然无法收回，或只能收回极少部分。
银行贷款应考虑的因素及职责	（1）考虑因素：借款人的还款能力、借款人的还款记录、借款人的还款意愿、贷款项目的盈利能力、贷款的担保、贷款偿还的法律责任、银行的信贷管理状况。 （2）职责。 ①制定和修订信贷资产风险分类的管理政策、操作实施细则或业务操作流程。 ②开发和运用信贷资产风险分类操作实施系统和信息管理系统。 ③保证信贷资产分类人员具备必要的分类知识和业务素质。 ④建立完整的信贷档案，保证分类资料信息准确、连续、完整。 ⑤建立有效的信贷组织管理体制，形成相互监督制约的内部控制机制，保证贷款分类的独立、连续、可靠。

典型真题

【单选题】根据国务院银行业监督管理机构的《贷款风险分类指引》，借款人的还款能力出现明显问题，完全依靠其正常营业收入无法足额偿还贷款本息，即使执行担保，也可能会造成一定损失的贷款属于(　　)。

A. 关注贷款　　B. 次级贷款　　C. 损失贷款　　D. 可疑贷款

【答案】B【解析】借款人的还款能力出现明显问题，完全依靠其正常营业收入无法足额偿还贷款本息，即使执行担保，也可能会造成一定损失的贷款属于次级贷款。

【多选题】商业银行对贷款进行分类时，应主要考虑的因素有（　　）。

A. 银行的不良率水平　　B. 借款人的还款意愿

C. 贷款的担保　　D. 借款人的还款能力

E. 借款人的还款记录

【答案】BCDE【解析】主要考虑的因素有借款人的还款能力、借款人的还款记录、借款人的还款意愿、贷款项目的盈利能力、贷款的担保、贷款偿还的法律责任、银行的信贷管理状况。

章节练习

一、单选题（以下各小题所给出的四个选项中，只有一项符合题目要求，请选择相应选项，不选、错选均不得分）

1. 下列选项中，不属于委托贷款特征的是(　　)。
   A. 贷款对象由委托人指定
   B. 委托贷款的主体是政府部门、企事业单位及个人
   C. 银行不承担贷款的风险、不代垫资金
   D. 银行确定贷款的金额、期限、利率等
2. 银行业金融机构应至少每(　　)开展一次绿色信贷的全面评估工作，并向银行业监管机构报送自我评估报告。
   A. 3 年　　B. 1 年　　C. 2 年　　D. 半年
3. 流动资金贷款应采用贷款人受托支付方式的情形不包括(　　)。
   A. 支付对象明确且单笔支付金额较大
   B. 单笔金额超过项目总投资 5% 或超过 500 万元人民币的贷款资金支付
   C. 与借款人新建立信贷业务关系且借款人信用状况一般
   D. 贷款人认定的其他需要受托支付的情形
4. 在银团贷款中，贷款协议签订后的日常管理工作主要由(　　)负责。
   A. 牵头行　　B. 代理行　　C. 副牵头行　　D. 参加行
5. 在银团贷款中，单家银行担任牵头行时，其承贷份额原则上不得少于银团融资总金额的(　　)，分销给其他银团成员的份额原则上不得低于(　　)。
   A. 50%；20%　　B. 10%；50%　　C. 20%；50%　　D. 50%；10%

二、多选题（以下各小题所给出的五个选项中，有两项或两项以上符合题目的要求，请选择相应选项，多选、少选、错选均不得分）

1. 在客户信用等级和客户评价报告的有效期内，发生(　　)情况时，商业银行应重新进行授信分析评价。
   A. 外部政策变动
   B. 客户组织结构、股权或主要领导人发生变动
   C. 客户的担保超过所设定的担保警戒线
   D. 客户涉及重大诉讼
   E. 客户在其他银行交叉违约的历史记录
2. 具有(　　)情形之一的流动资金贷款，原则上应采用贷款人受托支付方式。
   A. 单笔金额超过 300 万元人民币
   B. 遵守贷款与资本金同比例到位的基本要求
   C. 借款人已做出正式承诺
   D. 与借款人新建立信贷业务关系且借款人信用状况一般
   E. 支付对象明确且单笔支付金额较大
3. 贷款分类时，应该遵循的原则有(　　)。
   A. 合法性原则　　B. 真实性原则　　C. 及时性原则

D. 审慎性原则　　　　　E. 重要性原则

三、判断题（请对以下各项描述作出判断，正确的为 A，错误的为 B）

1. 银团贷款指由两家或两家以上银行基于相同贷款条件，依据同一贷款合同，按约定时间和比例，通过代理行向借款人提供的本外币贷款或授信业务。（　　）

A. 正确　　　　　　　　　　　　　　B. 错误

2. 同一笔贷款，可以按不同借据还款期限进行拆分分类。（　　）

A. 正确　　　　　　　　　　　　　　B. 错误

答案详解

一、单选题

1. D【解析】委托贷款指政府部门、企事业单位及个人等委托人提供资金，由银行（受托人）根据委托人确定的贷款对象、用途、金额、期限、利率等代为发放、监督使用并协助收回的贷款。委托贷款的风险由委托人承担，银行（受托人）只收取手续费，不承担贷款风险，不代垫资金。

2. C【解析】根据《绿色信贷指引》的规定，银行业金融机构应当至少每 2 年开展一次绿色信贷的全面评估工作，并向银行业监管机构报送自我评估报告。

3. B【解析】有以下情形之一的流动资金贷款，原则上应采用贷款人受托支付方式：①与借款人新建立信贷业务关系且借款人信用状况一般；②支付对象明确且单笔支付金额较大；③贷款人认定的其他情形。

4. B【解析】《银团贷款业务指引（修订）》第三十条规定，银团贷款的日常管理工作主要由代理行负责。代理行应在银团贷款存续期内跟踪了解项目的进展情况，及时发现银团贷款可能出现的问题，并以书面形式尽快通报银团成员。

5. C【解析】根据《银团贷款业务指引（修订）》第九条的规定，单家银行担任牵头行时，其承贷份额原则上不得少于银团融资总金额的 20%；分销给其他银团成员的份额原则上不得低于 50%。

二、多选题

1. ABCDE【解析】《商业银行授信工作尽职指引》第三十条规定，在客户信用等级和客户评价报告的有效期内，对发生影响客户资信的重大事项，商业银行应重新进行授信分析评价。重大事项包括以下内容：①外部政策变动；②客户组织结构、股权或主要领导人发生变动；③客户的担保超过所设定的担保警戒线；④客户财务收支能力发生重大变化；⑤客户涉及重大诉讼；⑥客户在其他银行交叉违约的历史记录；⑦其他。

2. DE【解析】具有以下情形之一的流动资金贷款，原则上应采用贷款人受托支付方式：①与借款人新建立信贷业务关系且借款人信用状况一般；②支付对象明确且单笔支付金额较大；③贷款人认定的其他情形。

3. BCDE【解析】贷款分类应遵循以下原则：①真实性原则，分类应真实客观地反映贷款的风险状况；②及时性原则，应及时、动态地根据借款人经营管理等状况的变化调整分类结果；③重要性原则，对影响贷款分类的诸多因素，要根据贷款分类的核心定义确定关键因素进行评估和分类；④审慎性原则，对难以准确判断借款人还款能力的贷款，应适度下调其分类等级。

三、判断题

1. A【解析】银团贷款指由两家或两家以上银行基于相同贷款条件，依据同一贷款合同，按约定时间和比例，通过代理行向借款人提供的本外币贷款或授信业务。

2. B【解析】同一笔贷款不得进行拆分分类。